MANUAL DE ESTRATÉGIAS PARA ABORDAGEM CLÍNICA DA AFETIVIDADE E SEXUALIDADE EM PACIENTES COM TRAUMATISMO CRANIOENCEFÁLICO

Artesã

Coleção
Como eu faço
a Reabilitação
Neuropsicológica

MANUAL DE ESTRATÉGIAS PARA ABORDAGEM CLÍNICA DA AFETIVIDADE E SEXUALIDADE EM PACIENTES COM TRAUMATISMO CRANIOENCEFÁLICO

Laiene Olabarrieta Landa[1]
Elvira del Valle Morejón García[2]
Laura C. Sánchez[3]
Juan C. Arango Lasprilla[4,5,6]

Organizadora da Coleção
Fabricia Q. Loschiavo Alvares

1 Instituto de Investigación Sanitaria de Navarra (IdiSNA), Pamplona, Spain.
2 Clínica Lucel de salud integral, Écija, Espanha.
3 Jackson Health Systems, Christine E. Lynn Rehabilitation Center, Miami, USA.
4 Biocruces Bizkaia Health Research Institute, Cruces University Hospital, Barakaldo, Espanha.
5 Ikerbasque, Basque Foundation for Science, Bilbao, España.
6 Department of Cell Biology and Histology, University of the Basque Country (UPV/EHU), Leioa, Espanha.

Manual de estratégias para abordagem clínica da afetividade e sexualidade em pacientes com traumatismo cranioencefálico

DIRETOR
Alcebino Santana

COORDENAÇÃO EDITORIAL
Michelle Guimarães El Aouar

TRADUÇÃO
Débora Andreza Zacharias

REVISÃO
Silvia P. Barbosa

CAPA
Karol Oliveira

PROJETO GRÁFICO E DIAGRAMAÇÃO
Conrado Esteves

M294

Manual de estratégias para abordagem clínica da afetividade e sexualidade em pacientes com traumatismo cranioencefálico / Laiene Olabarrieta Landa... [et al.]. – Belo Horizonte : Artesã, 2023.

296 p. ; 23 cm. – (Como eu faço a reabilitação neuropsicológica / organizadora: Fabricia Q. Loschiavo Alvares)

ISBN: 978-85-7074-090-8

1. Ansiedade. 2. Traumatismos Craniocerebrais. 3. Sexualidade. I. Olabarrieta Landa, Laiene. II. Loschiavo-Alvares, Fabricia Quintão.

CDU 616.8

Catalogação: Aline M. Sima CRB-6/2645

IMPRESSO NO BRASIL
Printed in Brazil

(31)2511-2040 (31)99403-2227
www.artesaeditora.com.br
Rua Rio Pomba 455, Carlos Prates - Cep: 30720-290 | Belo Horizonte - MG
/artesaeditora

“Agradecemos a Dra. Fabricia Loschiavo pela oportunidade de ter o nosso livro em sua coletânea.”

Os autores

COLABORADORES

Siara Olabarrieta Landa, Ms.
Desenhos das imagens contidas no Power Point da sessão 7.
Slides 8, 13, 15, 18, 21, 24, 37 e 38.

David Liñan Reyes
Desenhos das imagens contidas no Power Point da sessão 7.
Slides 45 a 73.

SUMÁRIO

LISTA DOS MANUAIS DA COLETÂNEA "COMO EU FAÇO A REABILITAÇÃO NEUROPSICOLÓGICA"

MANUAL PARA A APLICAÇÃO DOS *CORE SETS* DA CLASSIFICAÇÃO INTERNACIONAL DE FUNCIONALIDADE (CIF) NA REABILITAÇÃO NEUROPSICOLÓGICA DOS TRANSTORNOS PSIQUIÁTRICOS

MANUAL DE FORMULAÇÃO CLÍNICA PARA A INTERVENÇÃO EM REABILITAÇÃO NEUROPSICOLÓGICA

MANUAL DE ESTRATÉGIAS DE REABILITAÇÃO NEUROPSICOLÓGICA PARA ATENÇÃO, MEMÓRIA E FUNÇÕES EXECUTIVAS

MANUAL DE APLICAÇÃO DE TÉCNICAS DO MÉTODO *OCCUPATIONAL GOAL INTERVENTION* (OGI) NO CONTEXTO DA REABILITAÇÃO NEUROPSICOLÓGICA

MANUAL DE APLICAÇÃO DO *EXECUTIVE FUNCTIONAL PERFORMANCE TEST* (EFPT-Br) NO CONTEXTO DA REABILITAÇÃO NEUROPSICOLÓGICA - EM PRODUÇÃO

MANUAL DE ESTRATÉGIAS DE REABILITAÇÃO NEUROPSICOLÓGICA NOS TRANSTORNOS DE APRENDIZAGEM - EM PRODUÇÃO

MANUAL DE TÉCNICAS DA ABORDAGEM SISTÊMICA APLICADAS À REABILITAÇÃO NEUROPSICOLÓGICA - EM PRODUÇÃO

MANUAL DE ESTRATÉGIAS PARA ABORDAGEM DA ANSIEDADE EM PACIENTES COM TRAUMATISMO CRANIOENCEFÁLICO

MANUAL DE ESTRATÉGIAS PARA ABORDAGEM CLÍNICA DA AFETIVIDADE E SEXUALIDADE EM PACIENTES COM TRAUMATISMO CRANIOENCEFÁLICO

PREFÁCIO

Como eu faço a reabilitação neuropsicológica? Essa é a pergunta que sempre escuto em todas as aulas e cursos que ministro. Questionamento pertinente e, sem dúvida, de muita relevância clínica.

Costumo, sempre, fazer alusão à reabilitação neuropsicológica, a minha tão amada área de atuação clínica e de pesquisa há anos, como uma arte. Como o oleiro molda o barro para resultar na sua idealizada escultura? Como o escultor maneja as suas ferramentas a fim de apresentar, ao final, a sua obra de arte? Sim, vocês podem me responder, que são fruto de anos de experiência, de inspiração e criatividade, um dom, aprimorado com a observação sistemática, a partir da experenciação de diferentes procedimentos e técnicas, de aprofundamentos teóricos e vivenciais, da paixão, disciplina, enfim, várias são as respostas. Mas, em todas, evidenciamos aspectos centrais. A reabilitação neuropsicológica (sou suspeita para falar) é realmente inspiradora e apaixonante. O profissional da reabilitação é aquele disposto a, a partir do pouco, fazer muito, a "pensar fora da caixa", a inovar, a propor caminhos onde inicialmente, não se viam nem trilhas. É aquele que tem o olhar acurado para entender além do observado, profissional capaz de criar conexões entre o, a princípio, inconectável. Uma pessoa detalhista, curiosa, dinâmica, observadora, e sim, sensível, versátil, pragmática, mas sempre conectada ao humano. Então, realmente, penso na analogia de um escultor. Somos escultores! Escultores de novas realidades, novos comportamentos, novas vivências, novas ocupações e de funcionalidades! E para tanto requeremos tudo o que foi mencionado acima, e manejamos todos estes componentes, ou ingredientes, com uma precisão estequiométrica, assim, somos escultores e alquimistas. Aonde entra a paixão? Esta é a parte mais fascinante para mim! Não temos receita de nada (mesmo em indivíduos com o mesmo diagnóstico!), logo, novo paciente, novas fórmulas, novos desafios e resultados, novas esculturas!

Gosto muito de uma célebre frase de Henry Alder, que diz que "o cérebro humano tem sido descrito como o único computador universal que pode funcionar com glicose (...). Infelizmente, também é o único computador que é entregue sem manual de instruções. Assim, vemo-nos obrigados a aprender à medida que evoluímos". Imagine ao acrescentarmos as emoções, as experiências e histórias de vida, o ambiente? Quanta imprevisibilidade! Mas quão belo é este componente para a criação! Esta é a beleza da nossa obra de arte, aprendemos e reaprendemos com nossos pacientes. À medida que os auxiliamos a esculpir ou a (re)esculpir as suas próprias vidas, também eles nos auxiliam a esculpir as nossas, mudamos e somos mudados a cada instante.

Desta forma, realmente muitos dos itens acima não são adquiríveis, são traço, não estado. São características de indivíduos, que os tornam mais inclinados para serem reabilitadores. Mas e as outras? Aquelas que demandam sim um aprendizado e aprimoramento? É para estas que estes manuais foram criados. Partiram do meu desejo e maior comprometimento de formar profissionais de reabilitação, para que juntos, e em cooperação somemos para o fortalecimento desta área no nosso país e, sem dúvida, agreguemos todo o ferramental científico de que ela tanto necessita. Assim, vários são os títulos, mas em todos, você, profissional da reabilitação, que já dispõe de todas as características traço ressaltadas acima, encontre as respostas para todas as suas perguntas práticas. O eixo central, a linha mestra, é o *Modelo Abrangente de Reabilitação Neuropsicológica* (Loschiavo Alvares & Wilson, 2020). Mas todas as questões objetivas e pragmáticas serão nesta coletânea apresentadas de forma didática, fluida, eminentemente clínica, no estilo "como eu faço". E é claro, ela não poderia ter outro nome senão *Como eu faço a Reabilitação Neuropsicológica.*

Este Manual, intitulado *Manual de estratégias para abordagem clínica da afetividade e sexualidade em pacientes com traumatismo cranioencefálico* tem como propósito central capacitar o profissional da reabilitação a abordar de forma pragmática as questões relativas à afetividade e à sexualidade, em pacientes com traumatismo cranioencefálico, de uma maneira contextualizada e objetiva. Este manual é uma tradução inédita de seu homônimo espanhol, e é fruto de um vasto trabalho clínico e científico dos doutores Laiene Olabarrieta Landa, Elvira del Valle Morejón García, Laura C. Sánchez e Juan Carlos Arango-Lasprilla, profissionais de excelência nas áreas da psicologia e neuropsicologia. Traz, portanto, ferramentas práticas e objetivas, que somadas a uma vasta experiência clínica de construir e reconstruir o "como fazer" a reabilitação neuropsicológica, a partir de cada paciente e de cada novo desafio clínico, auxiliarão você, profissional da área, na sua atuação clínica.

Diante do exposto, desejo-lhes uma leitura profícua e enriquecedora, além de claro, muito inspiradora, para que assim, agreguem ferramentas mais "refinadas" e acuradas à extensa bagagem, que tenho certeza, vocês já trouxeram para esculpirem as obras de arte de vocês.

Fabricia Quintão Loschiavo Alvares

TRAUMATISMO CRANIOENCEFÁLICO E SEXUALIDADE

O traumatismo cranioencefálico (TCE) é uma das principais causas de morte e incapacidade em adultos jovens em todo o mundo (Fleminger & Ponsford, 2005). A cada ano, aproximadamente 10 milhões de pessoas são hospitalizadas em consequência de um TCE (Murray & Lopez, 1996) e pesquisas demonstram que menos da metade delas consegue ter uma boa recuperação (De Silva et al., 2009). Os pacientes com TCE costumam apresentar sequelas físicas, cognitivas e emocionais que podem alterar sua vida laboral, social, familiar, incluindo as relações interpessoais e seu funcionamento sexual.

A Organização Mundial da Saúde (OMS, 2006) define sexualidade como um aspecto central do ser humano que envolve sexo, identidade de gênero, orientação sexual, erotismo, prazer, intimidade e reprodução. A sexualidade é vivenciada e expressada mediante pensamentos, fantasias, desejos, crenças, atitudes, valores, comportamentos, práticas, papeis e relações. Portanto, a sexualidade depende da combinação do funcionamento físico, cognitivo e emocional adequados (Aloni & Katz, 2003). Esse funcionamento pode ser alterado como consequência de um TCE (Dikmen, Machamer & Temkin, 2001; Draper, Ponsford & Schonberger, 2007; Greenspan et al., 1996). Por exemplo, os déficits cognitivos podem afetar a capacidade de julgamento, fazendo com que a pessoa tenha um comportamento sexual inapropriado (Bezeau, Bogod & Mateer, 2004). Os aspectos físicos, como as alterações motoras e sensoriais, podem alterar a capacidade de vivenciar sensações de prazer e trazer dificuldades nas posições e movimentos necessários para manter relações sexuais. A respeito do funcionamento emocional, os pacientes com TCE costumam apresentar sintomas de depressão, baixa autoestima, alterações nas habilidades sociais, perda do desejo (Ponsford, Sloan & Snow, 1995), entre outros, podendo alterar as relações interpessoais e, por consequência, a sexualidade

Apesar da importância que a sexualidade tem na vida cotidiana das pessoas, atualmente, a maioria dos estudos nessa área estão concentrados na descrição das disfunções sexuais. Os estudos descritivos trazem resultados contraditórios sobre as taxas de disfunção erétil após o TCE, variando de 7% (Aloni et al., 1999) a mais de 50% (Kreutzer & Zasler, 1989; Oddy, Humphrey & Uttley, 1978). Além desses dados, outros indicam que 61% dos pacientes sentiam que não haviam atingido o mesmo funcionamento sexual anterior ao TCE (Sabhesan & Natarajan, 1989). Estudos realizados em um grupo de controle ou em um grupo normativo mostram que as disfunções sexuais são mais comuns em pessoas que sofreram um TCE (Crowe & Ponsford, 1999; Hibbard, Gordon, Flanagan, Haddad & Labinsky, 2000; Ponsford, 2003; Sandel, Williams, Dellapietra & Derogatis, 1996).

Em geral, as pesquisas indicam um grau significativo de disfunção sexual em pessoas com TCE, o que sugere que a disfunção poderia estar relacionada ao tipo de dano, ao funcionamento emocional e à presença de dificuldades cognitivas e físicas. Apesar disso, são raras as vezes em que os pacientes com TCE recebem educação ou aconselhamento sexual durante o tratamento (Simpson, 2001), o que resulta no aumento da taxa de pacientes que não são diagnosticados ou tratados.

Quanto aos profissionais, apesar de 97% acreditarem que esse é um tema que deve ser tratado na reabilitação, e que 87,7% e 82,1% pensem que são responsáveis por sua avaliação e tratamento, respectivamente, apenas 36% afirmam falar sobre o tema com seus pacientes (Arango-Lasprilla et al., 2017).

Durante as últimas décadas, muitos pesquisadores propuseram programas abordando o tema. Blackerby (1990) criou um programa educativo e terapêutico que trata a disfunção sexual em pessoas com TCE, partindo de uma perspectiva comportamental, cognitiva e médica. O programa aborda a disfunção sexual mediante o treinamento das habilidades sociais, aconselhamento, atividades comunitárias e uma terapia comportamental estruturada. Contudo, não oferece uma orientação prática sobre o formato específico ou o conteúdo do programa, e não são feitas recomendações para sua aplicação, a não ser para desenvolvimento e capacitação dos terapeutas.

Medlar (1998) elaborou um programa mais estruturado para o tratamento da disfunção sexual após o TCE, o *Sexuality Education Program* ("Programa de Educação Sexual"), do programa de Massachusetts Statewide Head Injury. Apesar de ser claro e compreensível, o programa foi criado para ser aplicado dentro do estado de Massachusetts.

Em um esforço para proporcionar um programa mais útil e adaptável, Simpson (1999, 2003) criou o programa *You and Me: An education program about sex and sexuality after a traumatic brain injury* ("Você e eu: um programa de educação sobre sexo e sexualidade após uma lesão cerebral traumática"). Esse programa consta de 15 módulos voltados para a importância das decisões pessoais dos indivíduos e dos valores relacionados ao sexo, o direito de ter suas escolhas sexuais respeitadas, o desenvolvimento de habilidades para a tomada de decisões e a responsabilidade pessoal por suas atividades sexuais. Os módulos podem ser administrados em configurações individuais ou grupais e na ordem ou combinação que se queira. Cada módulo contém informação educativa, instrumentos de autorrelato, discussões guiadas, histórias de outras pessoas com TCE e suas experiências, tarefas de resolução de problemas e atividades em grupo. Mesmo que o programa *You and Me* tenha sido recebido pelos profissionais de reabilitação (Simpson, 2004), não conta com pesquisas que tenham provado sua eficácia.

Ainda assim, apesar dos esforços para a criação de protocolos e intervenções coletivas, 78% das instituições onde os profissionais trabalham não possuem protocolos ou guias para enfrentar o problema da sexualidade depois de um TCE (Arango-Lasprilla et al., 2017).

OBJETIVO DO PROGRAMA

Este programa foi desenvolvido para pessoas que passaram por um TCE. Não é um programa dirigido ao tratamento de disfunções sexuais. Este programa tem como objetivo trazer ferramentas para melhorar a qualidade da vida sexual das pessoas que tiveram um TCE. Caso esses problemas sejam identificados durante o programa, o/a terapeuta deve indicar um profissional especializado ao paciente, normalmente um/a sexólogo/a. No decorrer do programa, serão trabalhados aspectos relacionados ao conceito de sexualidade e TCE, tais como o funcionamento psicológico, as habilidades de comunicação, o autoconhecimento corporal, as relações eróticas e a saúde sexual.

FORMATO DA INTERVENÇÃO

O programa é composto por nove sessões de duas horas e meia cada. Recomenda-se realizar uma sessão por semana. Cada sessão enfoca um tema ou uma habilidade específica. As sessões são compostas por uma parte de psicoeducação e por outra de aprendizagem de habilidades mediante exercícios práticos. A seguir, é apresentada a lista de sessões:

- Sessão 1: Apresentação do programa;
- Sessão 2: Psicoeducação da sexualidade para pessoas com TCE;
- Sessão 3: Funcionamento psicológico e sexual em pessoas com TCE;
- Sessão 4: Habilidades sociais (comunicação e sedução) para pessoas com TCE (primeira parte);
- Sessão 5: Habilidades sociais (comunicação e sedução) para pessoas com TCE (segunda parte);
- Sessão 6: Corporalidade sexual para pessoas com TCE;
- Sessão 7: Relações eróticas para pessoas com TCE;
- Sessão 8: Saúde sexual para pessoas com TCE;
- Sessão 9: Encerramento do programa.

Cada sessão apresenta a mesma estrutura e em cada uma delas os terapeutas encontrarão:

- O esquema da sessão, detalhando as tarefas e o tempo que se dispõe para sua realização;
- Os materiais necessários (que serão utilizados na) para a sessão;
- Os objetivos da sessão;
- A informação que será apresentada e as atividades que serão realizadas em cada sessão;
- Uma caixa de dúvidas permitirá que as pessoas façam perguntas que não queiram fazer publicamente;
- Uma série de tarefas para casa;
- Slides, vídeos e folhas de trabalho.

Por se tratar de um manual estruturado, os terapeutas não devem improvisar. Cada sessão apresenta uma explicação sobre a tarefa e, em itálico, o que os terapeutas devem dizer aos participantes.

QUEM PODE PARTICIPAR DO PROGRAMA?

Este tratamento foi elaborado para pessoas que tenha sofrido um TCE. O grupo deve ter de 8 a 12 pessoas. Recomenda-se que o número final de participantes seja par, já que alguns exercícios serão realizados em duplas. Além disso, recomenda-se que o grupo seja o mais homogêneo possível no que diz respeito à idade e ao gênero.

Os requisitos para os participantes são (1) ter um diagnóstico médico comprovado através da história clínica ou exames de neuroimagem após ter sofrido um TCE; (2) apresentar um TCE moderado ou grave de acordo com a Escala de Coma de Glasgow; (3) ter entre 18 e 65 anos de idade; (4) terem se passado ao menos 6 meses desde o TCE; (5) ter um status cognitivo e de orientação adequados (por exemplo, uma pontuação de 23 ou mais no exame de estado mental Mini-Mental Status Examination – Mini-Exame do Estado Mental), de modo que a gravidade do TCE não impossibilite a capacidade de seguir instruções, entender comandos ou participar de tarefas; (6) não estar internado ou morar em instituição fechada; (7) saber ler e escrever e (8) não apresentar amnésia pós-traumática ou anosognosia no momento da intervenção.

QUEM NÃO ESTÁ APTO PARA PARTICIPAR DO PROGRAMA?

Esta intervenção não é indicada para pessoas com TCE leve. Também não é recomendada para pessoas com TCE que sofram de afasia, com história prévia de doenças psiquiátricas, neurológicas, abuso de substâncias, deficiência intelectual ou problemas de aprendizagem. Pessoas com TCE que no momento do programa apresentem doenças psiquiátricas ou abuso de substâncias também não devem participar.

COMO SABER SE ESTA INTERVENÇÃO ESTÁ FUNCIONANDO?

Para determinar se a intervenção está apresentando resultados, serão aplicados vários questionários aos participantes na primeira e última sessões. Recomenda-se, caso seja possível, reaplicar os testes depois de seis meses para comprovar se as mudanças conseguidas depois da intervenção se mantêm. A tabela a seguir inclui uma lista de medidas para avaliar os aspectos que serão tratados durante a intervenção e que podem passar por mudanças segundo a necessidade do terapeuta (por exemplo, escalas adaptadas ao idioma que estejam disponíveis em seu país).

	Variável	Instrumentos
1	Satisfação sexual	Índice de Satisfação Sexual (Hudson, Harrison & Crosscup, 1981)
	Qualidade de vida	Cuestionario de Salud (Questionário de saúde) SF-36 (Ware & Sherbourne, 1992)
		Cuestionario de Calidad de Vida Sexual (Questionário de qualidade de vida) (Symonds, Boolell & Quirk, 2005; Abraham, Symonds & Morris, 2008)
2	Mitos	Crenças a respeito da sexualidade

	Variável	Instrumentos
3	Autoestima*	Escala de Autoestima de Rosenberg (Rosenberg, 1965)
	Ansiedade e depressão*	Questionário sobre a saúde do paciente-9 (PHQ-9; Kroenke, Spitzer & Williams, 2001).
		Escala para Transtorno de ansiedade generalizada (GAD-7; Spitzer, Kroenke, Williams & Löwe, 2006)
4 e 5	Habilidades de comunicação	Inventario de Asertividad de Rathus (Inventário de assertividade de Rathus) (Rathus, 1973)
6	Fantasias sexuais	Escala de Ensoñaciones Sexuales (Escala de fantasias sexuais) (SDS, Viedma et al., 2005) Hulbert Index of Sexual Fantasy (Índice Hulbert de fantasias sexuais) (HISF; Desvarieux, Salamanca, Ortega & Sierra, 2005) Escala de Wilson de Fantasías Sexuales (SFQ; Sierra et al., 2006)
7	Funcionamento sexual	Cuestionario de Cambio en la Función Sexual (Questionário de alterações na função sexual) (CSFQ-14; versión española de García-Portilla et al., 2011)

* Essas últimas medidas são incluídas porque, ainda que não se trate especificamente da depressão e ansiedade, espera-se uma melhora nessas áreas depois da intervenção.

COMO USAR ESTE MANUAL

Este Manual foi organizado em duas partes. A primeira, a partir da página 27, foi destinada à estruturação do programa de intervenção, com a apresentação de cada sessão, suas diretrizes e respectivos procedimentos. Desta forma, para cada uma das sessões componentes deste programa são apresentados os objetivos específicos, a duração, os materiais necessários e todas as atividades relacionadas. Ao longo dessas atividades, várias menções são feitas a *slides*, folhas de atividade, para-casa, anexos e fichas que, por sua vez, foram todos compilados e detalhadamente apresentados na segunda parte deste Manual, a partir da página 159. Logo, todos os materiais complementares a serem aplicados em cada uma das sessões estão integralmente disponibilizados nesta segunda parte.

Ao longo da apresentação das sessões foram usadas letras em itálico, para ressaltar as falas do terapeuta quando da condução dos atendimentos, e outras frases entre colchetes a fim de explicitar as orientações relevantes. Desta forma, a partir dessa estrutura, todo o programa para abordagem da sexualidade foi cuidadosamente pormenorizado, a fim de prover um referencial pragmático e objetivo como efetiva referência clínica para você, profissional.

Visando, ainda, a uma maior aplicabilidade de todo o conteúdo aqui apresentado, todos os materiais complementares estão disponibilizados eletronicamente para *download*, no *QR Code* que se encontra na página 159.

MATERIAIS E PESSOAL NECESSÁRIOS PARA TODAS AS SESSÕES

Para realizar cada uma das sessões, serão necessários os seguintes materiais: canetas, giz ou marcador eletrônico, borracha, lousa clássica ou digital e projetor. Para as sessões 5 a 7, serão necessários os seguintes materiais adicionais:

- Sessão 5: materiais de decoração para recriar uma biblioteca, cafeteria, pub, cinema e materiais que serão manipulados (por exemplo, livros, mesas, cadeiras, taças, copos, pratos, colheres de café, música, tela de ordenador).
- Sessão 6: Penas, músicas, pó comestível, balas, velas aromáticas, colchonetes, cadeiras etc.
- Sessão 7: Modelo dos genitais feminino e masculino, boneca inflável, diferentes dildos e lubrificantes.

Além disso, recomenda-se contar com um coterapeuta que ajude os participantes com as tarefas.

Parte 1

ESTRUTURAÇÃO DO PROGRAMA DE INTERVENÇÃO

SESSÃO 1
APRESENTAÇÃO DO PROGRAMA

1

ESQUEMA DA SESSÃO 1

Conteúdo	Materiais:	Duração sugerida (2h30min)
1. Apresentação dos participantes		20 Minutos
2. Objetivos da intervenção	Slide 1	5 Minutos
3. Características do programa	Slide 2 Pastas	10 Minutos
4. Regras de comportamento	Slide 3	10 Minutos
5. Caixa de dúvidas.	Caixa de dúvidas	5 minutos
6. Aplicação dos questionários	Questionários	15 minutos
7. Intervalo		30 minutos
8. Aplicação dos questionários (continuação)	Questionários	35 minutos
9. Tarefa para casa	Tarefa para casa 1	10 Minutos

1. APRESENTAÇÃO DOS PARTICIPANTES (20 MINUTOS)

Pedir a todos os participantes que se apresentem.

Olá a todos! Meu nome é [dizer seu nome], *sou a pessoa encarregada de acompanhá-los e conduzir este trabalho. Antes de começarmos, vamos nos apresentar. Para fazer isso, vamos formar duplas. Cada um de vocês deve perguntar sobre quatro aspectos da pessoa que será sua dupla, entre eles, o nome e o motivo pelo qual quis participar deste programa. Depois, vocês devem apresentar essa outra pessoa para o resto do grupo. Vamos ter 5 minutos para fazer essa atividade.*

Para esta tarefa, o grupo deve ser dividido em duplas e cada participante deve encontrar quatro características da outra pessoa (é imprescindível saber o nome e o motivo pelo qual participa desse programa, mas podemos orientá-los em algum outro aspecto se não souberem o que perguntar, como qual é seu trabalho ou qual seu passatempo preferido. Se o grupo estiver com um número ímpar de pessoas, o/a terapeuta pode formar dupla com o participante que estiver sozinho. Depois de cinco minutos, cada participante apresentará sua dupla, contando as informações que obteve com as perguntas.

Bom, já se passaram cinco minutos. Agora gostaria que cada um de vocês começasse a apresentar a sua dupla.

O/a terapeuta deve estar atento/a às dificuldades que os participantes podem apresentar durante esta tarefa e ajudar a resolvê-las quando for preciso.

2. OBJETIVO DA INTERVENÇÃO (5 MINUTOS)

Apresentar o objetivo da intervenção
e os conteúdos do programa.

Slide 1

Muito bem. Agora que nos conhecemos, gostaria de compartilhar com vocês o objetivo principal da intervenção e os conteúdos que vamos abordar durante as próximas semanas.

O objetivo principal da intervenção é melhorar a qualidade da sua vida sexual. Para isso, vamos trabalhar alguns aspectos importantes, como os mitos sobre a sexualidade após o TCE, funcionamento psicológico, habilidades de comunicação, autoconsciência corporal, ferramentas para melhorar as relações sexuais e a saúde sexual.

3. CARACTERÍSTICAS DO PROGRAMA (10 MINUTOS)

Apresentar ao grupo as características do programa.

Slide 2 e pastas

Para cumprir esses objetivos, o programa está composto por nove sessões. Cada sessão terá a duração de duas horas e meia e faremos um intervalo de 30 minutos aproximadamente na metade de cada sessão. Nos reuniremos duas vezes por semana, o que significa que em pouco mais de um mês teremos terminado o programa. Para seu bom desenvolvimento, preciso de sua colaboração, pois sem ela isso seria impossível. Não se preocupe em fazer anotações, durante as sessões eu lhes darei todas as informações que virmos para que possam guardá-las nessas pastas.

O terapeuta irá apresentar de forma simples, enquanto entrega as pastas. Se surgir alguma dúvida, ela deve ser resolvida imediatamente.

4. REGRAS DE COMPORTAMENTO (10 MINUTOS)

Apresentar aos participantes as regras de comportamento
Enfatizar como é importante cumpri-las para que
o programa se desenvolva da melhor forma.

Slide 3

Assim como pedi a sua colaboração, também vou pedir que cumpram as seguintes regras para que o programa funcione. As regras são:

1. *Confidencialidade: isto é, tudo o que for falado durante as sessões é confidencial e não deve ser compartilhado fora deste programa.*
2. *Respeito pelas outras pessoas: isto significa dizer as coisas de forma respeitosa, ter respeito pelo que os outros disserem e respeitar o espaço pessoal de cada um. Talvez haja comentários dos outros que não gostamos.* Nessas ocasiões, respeitaremos as opiniões dos outros e, se necessário, sempre interviremos de maneira educada. *Não faremos juízo de valor em relação aos comentários de outras pessoas. Sempre que quiserem fazer referência a algo, falar a partir de sua própria experiência, sem fazer referência a nenhum/a colega.*
3. *Escutar as outras pessoas: ou seja, escutar e não interromper o/a colega enquanto este/a estiver falando. Da mesma forma, quando fizermos uma intervenção, ela deve ser curta, respeitando e dando oportunidade para que todos participem.*

4. *Pontualidade:* Cada tarefa, e sua explicação, têm um tempo para serem realizadas. Por isso, peço que sejam pontuais para que possam aproveitar o programa e não atrasar o grupo.
5. *Realizar as tarefas atribuídas em cada sessão:* todos os trabalhos de casa devem ser realizados, pois estes são essenciais para poder avançar no conteúdo das sessões seguintes.
6. *Uso de palavras com teor sexual:* podemos utilizar todo tipo de palavras que acharmos convenientes para nos explicar e para nos fazermos entender. Não é preciso procurar a palavra técnica. Por exemplo, se não lembrarmos a palavra "pênis" podemos utilizar "pau".

As regras devem estar em uma lousa ou em um painel de forma que estejam visíveis durante as sessões. Deve-se enfatizar sua importância em todas as sessões.

5. CAIXA DE DÚVIDAS (5 MINUTOS)

Apresentar para os participantes
a caixa de dúvidas e sua utilidade.

Caixa de dúvidas

Tal como fizemos com as regras, durante todas as sessões também teremos esta caixa que chamaremos de "A Caixa da Dúvida". Podemos colocar todas as perguntas que surgirem ao longo das sessões e as que não quisermos fazer na frente das outras pessoas. Essas perguntas devem ser feitas anonimamente, ou seja, sem postar nenhum dado que revele a identidade da pessoa que faz a pergunta. Antes de encerrar as sessões, lerei em voz alta cada uma dessas questões e, posteriormente, as discutiremos em grupo. Caso haja poucas dúvidas, eu mesmo apresentarei outras questões que possam ser de interesse para garantir o anonimato das pessoas e discuti-las em grupo.

Se alguém tiver dificuldade para escrever ou não souber perguntar, também pode chegar cinco minutos antes de iniciarmos a sessão ou ficar depois da sessão para falar sobre o assunto.

O objetivo desta caixa de correio é dar a cada participante a oportunidade de fazer qualquer pergunta que não deseja fazer publicamente.

6. APLICAÇÃO DOS QUESTIONÁRIOS (15 MINUTOS)

Questionários, incluindo o questionário sobre Crenças a Respeito da Sexualidade

O terapeuta distribui os questionários e as canetas. Enquanto isso, comenta:

Estes são alguns questionários que preencheremos para conhecermos alguns aspectos relacionados com a sexualidade. Vocês devem prestar atenção e preenchê-los da forma mais sincera e exata possível. Por favor, não deixem nenhuma pergunta sem resposta e, se tiverem alguma dúvida, podem perguntar para mim. Este exercício é muito importante, pois permitirá, uma vez terminada a intervenção, saber da forma mais objetiva possível se houve melhora em alguns aspectos de sua vida sexual ou não.

7. INTERVALO (30 MINUTOS)

Indicar o momento do intervalo.

8. APLICAÇÃO DOS QUESTIONÁRIOS. CONTINUAÇÃO. (35 MINUTOS)

Questionários

O terapeuta distribui o resto dos questionários e comenta:

Continuamos preenchendo a segunda parte dos questionários, peço, como antes, que respondam a todas as perguntas honestamente e, se tiverem alguma dúvida, pergunte-me diretamente.

9. TAREFA PARA CASA (10 MINUTOS)

Apresentar a Tarefa para casa 1.

Tarefa para Casa 1

Para finalizar, gostaria que vocês fizessem a seguinte tarefa para casa: definam o que é sexualidade para vocês. Por favor, tentem fazer que essa definição seja a mais clara possível e não apenas umas palavras. Esta tarefa está na folha que eu vou distribuir agora. Peço que se lembrem da regra número 5: Realizar as tarefas que forem dadas em cada sessão.

Lembrem-se que, a partir de hoje, podem utilizar a Caixa de dúvidas. Nos vemos no dia [indicar o dia da próxima sessão] *às* [indicar a hora da próxima sessão]. *Até a próxima sessão.*

Final da sessão 1

SESSÃO 2
PSICOEDUCAÇÃO DA SEXUALIDADE PARA PESSOAS COM TCE

2

ESQUEMA DA SESSÃO 2

Conteúdo	Materiais:	Duração sugerida (2h30min)
1. Saudações e objetivos da sessão	Slide 1	5 minutos
2. Sexname	Lousa e giz Anexo 1	15 minutos
3. Definição e sexualidade e sua relação com o cérebro	Tarefa para casa 1 Lousa e giz Slides 2-11 Folha de trabalho 1	45 Minutos
4. Intervalo		30 minutos
5. Mitos e crenças	Cartões de cores (coloridos) Slides 12-37	30 minutos
6. Caixa de dúvidas	Caixa de dúvidas. Anexo A	5 minutos
7. Tarefa para casa	Tarefa para Casa 2 Resumo	10 Minutos

1. SAUDAÇÕES E OBJETIVOS DA SESSÃO (5 MINUTOS)

Cumprimentar e explicar os objetivos que devem ser alcançados nesta sessão.

Slide 1

Bom dia a todos. Hoje vamos começar a sessão de forma mais dinâmica e participativa. Os objetivos da sessão de hoje são:

1. *Esclarecer a que nos referimos quando falamos de sexualidade.*
2. *Explicar a relação que existe entre a sexualidade e o funcionamento cerebral e entender por que esta relação fica afetada depois de um TCE.*
3. *Desmontar alguns mitos e crenças que existem em nossa sociedade sobre a sexualidade de pessoas com TCE.*

2. SEXNAME (15 MINUTOS)

Lousa e giz, Anexo 1

Antes de começarmos, vamos nos lembrar dos nossos nomes, mas, desta vez, através de uma atividade diferente. Hoje, cada um dirá seu nome e deverá pensar em uma palavra relacionada à sexualidade que comece com a primeira letra de seu nome. Por exemplo, eu me chamo [dizer seu nome] *e a palavra é* [ver Anexo 1 para encontrar um exemplo com a letra de seu nome].

Antes de fazer esta atividade, o próprio terapeuta deverá pensar em uma palavra relacionada à sexualidade que comece com a primeira letra de seu nome. Ver o Anexo 1 para possíveis exemplos.

Considere que, provavelmente, os participantes possam genitalizar a sexualidade, portento, o terapeuta deve tentar ampliar o conceito. Ou seja, se os participantes se centrarem em palavras como "pênis", "vagina", "ejaculação, é preciso pedir que digam outras palavras relacionadas à sexualidade. Se o resultado for o mesmo, não insistir. O/a terapeuta pode usar este tipo de frase:

Esse exemplo está certo, mas você saberia me dizer outro?

O/a terapeuta deve anotar em uma lousa os exemplos. Mais tarde eles serão utilizados.

3. DEFINIÇÃO DE SEXUALIDADE E SUA RELAÇÃO COM O CÉREBRO (45 MINUTOS)

Apresentar a definição de sexualidade, utilizando a Tarefa para Casa 1 e mostrando a relação do cérebro com a sexualidade.

Definição de sexualidade

Agora vamos ver a tarefa que pedi para vocês fazerem em casa. Começaremos definindo o que é sexualidade. Como vamos falar sobre isso durante vários dias, devemos ter certeza de que todos tenhamos o mesmo conceito. Então vamos começar com você [escolher uma pessoa para começar e seguir a ordem em que estiverem sentados].

Tarefa para Casa 1

Deixar o tempo necessário para que cada participante dê sua definição. Ao mesmo tempo, apontar na lousa as definições (ou seu resumo). Ao final, apontar as diferenças que podem haver entre o que uma pessoa pode entender por sexualidade e o que outra pessoa pode entender.

Slide 2

Como puderam observar, tanto na tarefa de Para Casa sobre a definição de sexualidade, como no exercício das palavras relacionadas à sexualidade, demonstram como este é um conceito muito amplo, abrangendo múltiplos aspectos da vida cotidiana. Não apenas a parte genital ou as relações sexuais, mas também aspectos como a intimidade e o prazer. Por exemplo, uma forma de definir sexualidade que englobe tudo o que foi dito desta sessão seria a apontada pela Organização Mundial da Saúde (WHO, 2006):

"A sexualidade é um aspecto central do ser humano que envolve o sexo, a identidade de gênero, a orientação sexual, o erotismo, o prazer, a intimidade e a reprodução.

A sexualidade é vivenciada e expressada mediante pensamentos, fantasias, desejos, crenças, atitudes, valores, comportamentos, práticas, papeis e relações."

4. RELAÇÃO ENTRE CÉREBRO E FUNCIONAMENTO SEXUAL

Agora que vimos que a sexualidade engloba muitas coisas, qual órgão vocês acham que deva ser o mais importante para a sexualidade?

O/a terapeuta deixa alguns minutos para as possíveis respostas. Se alguém responder que o órgão mais importante é o cérebro, seguir com a próxima explicação. Se não houver respostas ou se nenhuma delas for a adequada, seguir com a mesma explicação.

Slides 3-7

Nesta imagem, podemos ver que o cérebro controla alguns dos aspectos mais simples de nossa vida, como o tato, a visão, a audição, o paladar e o olfato; aspectos fundamentais para a sexualidade [slide 3].

Mas não apenas isso, ele também controla os aspectos mais complexos e também tão importantes para a sexualidade, como a linguagem [slide 4], *a memória* [slide 5], *a atenção* [slide 6] *e os movimentos* [slide 7].

Como vocês podem supor, quando uma pessoa apresenta um TCE, qualquer um desses aspectos pode ter sido afetado, deixando sequelas de diferentes tipos.

Folha de trabalho 1, Lousa e giz, Slides 8-11

A seguir, vou distribuir uma folha, onde aparece uma série de sequelas físicas e comportamentais que são comumente relatadas por pessoas que sofreram um TCE. A tarefa consiste em assinalar as sequelas que vocês apresentaram depois do TCE. Se não entenderem alguma palavra, por favor, podem perguntar.

O/a terapeuta deve deixar o tempo que achar suficiente para que a tarefa seja realizada (tempo máximo de 5 minutos). Pode ser preciso esclarecer alguns termos para os participantes (por exemplo, apatia, verborragia). É conveniente finalizar primeiro a folha de sequelas físicas. Recomenda-se que o/a terapeuta leia cada uma das opções, caso haja algum participante com dificuldade de leitura ou compreensão. Uma vez finalizada a tarefa, o/a terapeuta escolhe uma pessoa para que comece a ler, comentando os sintomas.

Vamos lá, [nomear um participante], *fale de uma das sequelas físicas que apontou* [o participante relata uma sequela]. *Alguém mais também apontou essa sequela?* [Esperar que respondam.] *Como vocês acham que essa sequela pode afetar a sexualidade?*

É preciso continuar com mesma introdução com as outras sequelas físicas, pois, por questão de tempo, é possível relacionar com a sexualidade apenas três das citadas no exercício. Enquanto se realiza o exercício, o terapeuta anotará na lousa quantas vezes os participantes relataram determinada sequela.

Como pudemos observar, estas sequelas físicas influem de alguma forma na sexualidade.

Ao finalizar a parte que envolve as sequelas físicas, prosseguir com a parte relacionada às sequelas cognitivas, seguindo as mesmas pautas. Terminando a parte cognitiva, seguir a mesma forma em relação às sequelas emocionais.

Bom, aprendemos que a sexualidade é um conceito amplo, que depende do funcionamento do cérebro, que, quando sofre alguma lesão, pode trazer diferentes alterações que a afetem.

5. INTERVALO (30 MINUTOS)

Indicar o momento do intervalo.

6. MITOS E CRENÇAS (30 MINUTOS)

Esta atividade dará ênfase nos mitos e crenças que existem a respeito da sexualidade em pessoas com TCE.

Assim como se pensa que a sexualidade está restrita apenas ao corpo e aos genitais, também existem ideias que não são corretas sobre a sexualidade de pessoas com TCE. Para falar sobre isso, vamos utilizar o jogo do semáforo.

O terapeuta distribui dois cartões, um verde e outro vermelho para cada um dos participantes.

Cartões coloridos, Slides 12-37

Este jogo consiste na apresentação de uma das frases relacionadas com a sexualidade depois de um TCE e a tarefa de vocês é indicar se a frase é verdadeira ou falsa utilizando esses cartões. Vocês levantarão os cartões vermelho quando acharem que a frase é falsa e o cartão verde quando acharem que ela é verdadeira. Por exemplo, [mostrar o slide 13] *se eu dissesse: "o chão fica molhado quando chove", todos levantariam o cartão...* [deixar os participantes responderem, levantando o cartão verde]. *Muito bem, vamos começar.*

Ler os enunciados um a um e deixar um tempo para que sejam respondidos. Depois, o terapeuta apresenta as razões que fazem os enunciados serem falsos ou verdadeiros. Pode-se encontrar as razões depois de cada exemplo.

7. CAIXA DE DÚVIDAS (5 MINUTOS)

Caixa de dúvidas, Anexo A

Finalizamos esta sessão. Por favor, coloquem suas dúvidas para que possamos resolvê-las antes de nos despedirmos.

O/a terapeuta recolhe as dúvidas que estiverem na caixa. Se houver apenas uma ou duas dúvidas, selecionar mais duas presentes no Anexo A para acrescentar às outras. Lê-las aleatoriamente e solucionar as dúvidas. Dependendo do tempo, o/a terapeuta poderá solucionar as dúvidas debatendo com os participantes ou apenas dando uma explicação. As soluções das dúvidas se encontram no Anexo A. Essas dúvidas serão utilizadas apenas se isso for necessário.

Caso seja apresentada uma dúvida muito pessoal, solucionar primeiro as demais e acrescentar em seguida:

Solucionamos todas as dúvidas da caixa, menos uma, que precisa ser solucionada em privado. Por favor, a pessoa que colocou uma dúvida que ficou sem resposta, entre em contato comigo para resolvê-la de forma particular.

8. TAREFA PARA CASA (10 MINUTOS)

Apresentar a Tarefa para casa 2.

Tarefa para Casa 2, Resumo

Para a próxima sessão, peço que vocês façam a Tarefa para Casa 2 A tarefa será identificar coisas no dia a dia de vocês que sejam parte da sexualidade a partir da definição que vimos hoje. Por exemplo, um sorriso, a forma de falar de uma pessoa etc. Por favor, lembrem-se da regra número 5: Realizar as tarefas que forem dadas em cada sessão.

Agora vou entregar um resumo daquilo que aprendemos hoje. Nos vemos no dia [indicar o dia da próxima sessão] *às* [indicar a hora da próxima sessão]. *Até a próxima sessão.*

Final da sessão 2

SESSÃO 3
FUNCIONAMENTO PSICOLÓGICO E SEXUAL EM PESSOAS COM TCE

3

ESQUEMA DA SESSÃO 3

Conteúdo	Materiais:	Duração sugerida (2h30min)
1. Cumprimentos e objetivos da sessão	Slide 1	5 minutos
2. Revisão da tarefa para casa	Tarefa para Casa 2	10 Minutos
3. Mudando nosso estilo de pensamento	Slides 2-8 Folha de trabalho 1	40 Minutos
4. Intervalo		30 minutos
5. Resolução de problema	Slides 9-11 Folha de trabalho 1	20 Minutos
6. Fortalecendo nossa autoestima	Slides 12-13 Fita adesiva Folha de trabalho 2	20 Minutos
7. Tarefa para casa	Tarefa para casa 3	5 minutos
8. Caixa de dúvidas.	Caixa de dúvidas. Anexo A Resumo	10 Minutos

1. CUMPRIMENTOS E OBJETIVOS DA SESSÃO (5 MINUTOS)

Cumprimentar e explicar os objetivos que devem ser alcançados nesta sessão.

Slide 1

Bom dia. Durante a sessão de hoje, trabalharemos para alcançar os seguintes objetivos:

a. *Entender como nosso estado de ânimo afeta a sexualidade.*
b. *Obter ferramentas para melhorar nosso estado de ânimo, trabalhando na forma de pensar e agir.*
c. *Obter ferramentas para resolver os problemas sexuais.*
d. *Aumentar a autoestima.*

2. REVISÃO DA TAREFA PARA CASA (10 MINUTOS)

Antes de nos focarmos nesses objetivos, vamos dedicar alguns minutos para revisar a tarefa para casa da sessão anterior.

Tarefa para Casa 2

O/a terapeuta pede para que alguns participantes leiam o que escreveram. Dar um reforço aos participantes à medida que lerem suas respostas. Quando terminarem, fazer a seguinte pergunta:

Antes de vocês terem aprendido a definição de sexualidade, classificariam o que disseram como algo sexual?

O objetivo é fazer os participantes compreenderem que a sexualidade é mais do que os genitais e que talvez pensassem que sua vida sexual não era tão boa porque a reduziam unicamente às relações sexuais. Agora, tendo a definição mais completa, poderão ampliar a forma de ter prazer.

3. MUDANDO NOSSO ESTILO DE PENSAMENTO (40 MINUTOS)

Apresentar a influência dos pensamentos sobre as emoções e as atitudes.

Pessoas que tiverem TCE costumam apresentar uma série de alterações emocionais e comportamentais como depressão, ansiedade, irritabilidade etc. Estes problemas podem ser resultado da alteração biológica de alguma área cerebral afetada pelo TCE ou da reação/interpretação que a pessoa faz do que costuma acontecer depois de um TCE (por exemplo, perda de relações sociais e afetivas, perda do trabalho, diminuição da capacidade econômica etc.).

Na área da sexualidade, muitas das alterações apresentam um forte componente psicológico. Ou seja, na maioria dos casos, as pessoas com TCE poderiam ter uma vida sexual adequada; entretanto, a interpretação que fazem da situação pode desencadear essas alterações.

Slide 2

Muitas vezes, a maneira de reagir a eventos estressantes é determinada por nossas experiências anteriores. A educação recebida na infância, as experiências vividas e o ambiente no qual crescemos determina em grande parte o estilo que pensamento e a forma com a qual interpretamos as coisas que acontecem em nosso dia a dia. Por exemplo, vamos imaginar Maria [mostrar o slide 2] *cresceu em um ambiente onde realizar atividades sozinha era algo ruim, pois isso poderia demonstrar que não tinha amigos. Vamos imaginar que ela quisesse fazer um curso de culinária. O mais provável é que não tenha quem a acompanhe e prefira ficar em casa porque sua maneira de raciocinar será: "Se eu for sozinha no curso, as outras pessoas vão pensar que eu não tenho amigos".*

Esses estilos de pensamento estão muito arraigados em nossas vidas, e, muitas vezes, diante de determinadas circunstâncias, podem ser ativados de forma automática, fazendo com que certas emoções e comportamentos apareçam.

Slide 3

Vamos ver o exemplo de Clara [mostrar o slide 3]. *Clara, uma jovem de 25 anos que sofreu um TCE, foi convidada para uma festa no final de semana e pediram que levasse alguma companhia. Clara chamou três de seus amigos, mas nenhum poderia acompanhá-la. Clara se sentiu muito triste, pensando que nenhum de seus amigos quis sair com ela porque tinha vergonha ou pelo que as outras pessoas poderiam pensar. A partir disso, Clara não voltou ir a nenhuma festa se não fosse convidada por algum amigo.*

Folha de trabalho 1

Por favor, agora quero que preencham esta folha que estou distribuindo. Sua tarefa será identificar o que aconteceu nessa história, qual pensamento a protagonista teve, quais emoções sentiu e quais decisões tomou. Não precisam preencher agora a coluna de "pensamento alternativo" ou a parte relacionada à "resolução de problemas".

Com a ajuda dos participantes, neste exemplo devem ser identificados o evento, o pensamento, a emoção e a atitude da protagonista. O objetivo é que os participantes comecem a ver a relação entre os pensamentos e as emoções e a repercussão que têm nas atitudes. Para isso, utilizar a seguinte instrução:

Slide 4

O que aconteceu nesta história? [Esperar que algum participante responda.] *A situação chave é que Clara gostaria de ir à festa acompanhada, mas ninguém pode ir com ela. O que ela pensou?* [Esperar a resposta de algum participante.] *Seu estilo de pensamento a levou a pensar que seus amigos não queriam acompanhá-la porque tinha sofrido um TCE. Como ela se sentiu?* [Esperar a resposta de algum participante.] *Clara se sentiu muito triste. Finalmente, que decisão ela tomou a partir desse dia?* [Esperar a resposta de algum participante.] *Não convidar mais nenhum amigo para uma festa e não sair se não for convidada por alguém.*

Como vimos no exemplo, o que Clara pensava da situação determinou como se sentia e como se comportaria a partir de então. Isso acontece conosco constantemente. Alguns estilos de pensamento podem fazer-nos sentir mal. Mas, agora que sabemos que o pensamento influencia a emoção, uma forma que pode ajudar a nos sentirmos melhores é mudar esse estilo de pensamento por outro que seja mais adaptativo. Para vermos isso de maneira prática, vamos tomar os seguintes exemplos.

Através dos exemplos, pretende-se reforçar a ideia sobre a relação estreita entre pensamento, emoção e atitudes. Além disso, procurar, junto com os participantes, maneiras alternativas de pensar que ajudem os protagonistas das histórias a melhorarem seu estado de ânimo e a mudarem sua atitude diante de determinada situação. Em seguida, apresentar as instruções para o exemplo de Luís, que pode ser aplicado aos exemplos de Francisca:

Slides 5-6

Qual foi a situação que originou o pensamento? [Esperar a resposta de algum participante.] *Que a jovem fosse à festa. O que Luís pensou nesse momento?* Esperar a resposta de algum participante.] *Luís pensou que nunca mais voltaria a ter relações sexuais por causa de seus problemas de linguagem. Como ele se sentiu?* Esperar a resposta de algum participante.] *Luís se sentiu frustrado. Finalmente, qual decisão tomou a partir daquele dia?* Esperar a resposta de algum participante.] *Que não tentaria mais ter relações sexuais com outras garotas.*

Depois, fazer o mesmo com o exemplo de Francisca.

Slides 7-8

Nestes slides, podemos observar o caso de Francisca. Muito bem, agora vamos procurar outros pensamentos que poderiam mudar a forma que se sentia e, portanto, sua decisão. Podem escrever as respostas na coluna "pensamento alternativo" no caso de Luís e Francisca na Folha 1 e também completar o resto dos dados recordando o que acabamos de ver.

Deixar o tempo necessário para que os participantes respondam e discutam as alternativas, sempre relacionado o pensamento com a emoção e a atitude que a protagonista poderia ter. Caso os participantes não se lembrem dos casos, as histórias podem ser projetadas. Se não houver nenhuma resposta, utilizar o seguinte exemplo:

Se Luís tivesse pensado que a jovem realmente tinha que ir embora em vez de pensar que isso teria ocorrido por causa de seu problema de linguagem, não teria se sentido frustrado. Talvez tivesse pedido o telefone dela e se encontrado com ela em outro momento.

4. INTERVALO (30 MINUTOS)

Indicar o momento do intervalo.

5. RESOLUÇÃO DE PROBLEMAS (20 MINUTOS)

Apresentar o método de resolução de problemas.

Assim como nos exemplos anteriores encontramos pensamentos alternativos que fizessem com que nos sentíssemos melhor, também podemos encontrar comportamentos alternativos que nos levassem a solucionar os problemas e, portanto, nos sentirmos melhor. Na vida, devemos enfrentar constantemente mudanças e situações adversas. Algumas dessas situações são mais fáceis de serem resolvidas, enquanto outras requerem muito mais da nossa atenção. O TCE é um evento estressante na vida de qualquer pessoa e costuma trazer uma série de novas dificuldades às quais é preciso saber enfrentar. Agora vamos ver que essas dificuldades podem aparecer em diversos âmbitos da vida; contudo, aqui vamos nos concentrar em aprender uma série de passos para superar os problemas no âmbito da sexualidade.

Slide 9

Os passos a seguir podem ser vistos no slide: qual é o problema, possíveis soluções para resolvê-lo, avaliação das soluções, ordenar as soluções da melhor para a pior opção, escolher a melhor solução para ser colocada em prática e avaliar os resultados.

Qual é o problema?

O primeiro a fazer para solucionar um problema é saber qual é esse problema. Às vezes não é fácil determiná-lo, pois a definição que damos a ele é muito ampla. Por exemplo, "estou muito mal".

Slides 10-11

Vamos ver de maneira prática. Vejam o exemplo [ler o exemplo em voz alta]. *Alguém pode me dizer qual é o problema de Borja?*

Se a resposta dos participantes for o problema de ereção, comentar o seguinte:

Por que vocês acham que Borja está sofrendo: por que não tem ereção ou por que não pode satisfazer sua mulher sexualmente? [Esperar a resposta.] *Como podem observar, um acontecimento não se transforma em um problema até que cause mal-estar em alguém. Portanto, neste caso, parece que o problema principal de Borja não é a falta de ereção, mas não poder satisfazer sua mulher.*

Possíveis alternativas para resolver o problema

O passo seguinte seria buscar possíveis soluções alternativas. Tentaremos buscar a maior quantidade de soluções, mesmo que elas pareçam pouco úteis e prováveis. Quais poderiam ser?

O que se pretende com essa chuva de ideias é reunir a maior quantidade de soluções possíveis. Diante disso, todas as ideias devem ser validadas, por menos úteis que possam parecer. Deixar um tempo para que os participantes pensem e participem, anotando tudo o que disserem na lousa.

Como podem observar, a grande maioria dos problemas da nossa vida têm mais de uma solução, mas, quando estamos passando por situações estressantes, não nos damos conta das possibilidades alternativas que podemos colocar em prática para resolvê-los.

Avaliação das soluções

Para escolher a melhor solução para um problema, devemos avaliar cada uma delas. Essa avaliação é feita vendo os prós e os contras de cada uma delas a curto e longo prazo. É preciso levar em consideração o esforço para colocá-la em prática, o seu custo econômico, o efeito que terá em mim e nos outros etc. Vamos fazer um exercício prático. Por exemplo, quais são os prós e os contras para praticar sexo oral no caso de Borja?

Deixar novamente um tempo para que os participantes pensem, enquanto o/a terapeuta anota na lousa o que disserem. Se não apresentarem nenhuma ideia, apresentar exemplos do que poderiam pensar.

Uma desvantagem poderia ser que não goste do cheiro ou do gosto. As vantagens poderiam ser proporcionar prazer a ele e a sua mulher, não se expondo ao risco de uma gravidez indesejada etc.

Escolha da melhor solução

Quando tivermos a lista das possíveis soluções e seus prós e contras, devemos ordená-las da melhora até a pior. As melhores soluções serão as que tiverem maiores vantagens e menores desvantagens.

O/a terapeuta deverá ordenar as soluções dos participantes segundo a instrução.

Escolha da melhor solução

Quando soubermos qual é a melhor solução, o passo seguinte é colocá-la em prática. *Para isso, devemos levar em consideração o que necessitamos, quando entrar em ação, como, onde etc.*

Funcionou?

Depois de colocar a solução em prática, é preciso avaliar se foi possível realmente solucionar o problema. É ótimo se for solucionado, mas, se isso não acontecer, não se deve ficar frustrado. Deve-se voltar para a lista de soluções alternativas que foi elaborada e escolher a segunda no ranking para colocar em prática.

Folha de trabalho 1

O/a terapeuta fará todos esses passos com os exemplos de Luís e Francisca da Folha de trabalho 1

6. FORTALECENDO NOSSA AUTOESTIMA (20 MINUTOS)

Falar sobre o conceito de autoestima e como aprender a administrá-la.

Para finalizar a sessão, fazer duas dinâmicas centradas na autoestima. Com isso, pretende-se demonstrar que a autoestima passa por altos e baixos todos os dias, pode ser controlada e, ainda mais importante, pode-se trabalhar para aumentá-la e não ficar enfraquecida. O/a terapeuta deve distribuir uma folha em branco para cada participante.

Para encerrar esta sessão, vamos trabalhar a autoestima. Todos sabem o que é autoestima? [Se responderem, continuar o exercício, se não, explicar o que é: Um sentimento de capacidade pessoal, um sentimento de valorização pessoal, a autoestima é a soma da confiança e do respeito por si mesmo (Branden, 1993). *A folha que está na frente de vocês representa sua autoestima. Eu vou ler um papel e vocês devem rasgá-lo, dependendo do quanto essa frase afeta sua autoestima.* Se for algo que diminua muito sua autoestima, o pedaço de papel deve ser grande e, se for algo que afete pouco, o pedaço deve ser pequeno.

Slide 12

O/a terapeuta lê o slide com as frases, dando o tempo necessário para que rasguem a folha. O/a terapeuta deve escolher uma afirmação para que os participantes entendam como a mesma frase afeta cada pessoa.

Vamos ver como esta frase afetou cada um de vocês [escolher uma frase]. *Para isso, levantem o pedaço de papel que rasgaram. Como podem observar, a mesma frase afetou vocês de modos diferentes, ou seja, vocês rasgaram a folha em diferentes tamanhos. Isto acontece porque não é a frase em si que faz mal, mas sim a interpretação ou a importância que damos a ela.*

Se houver tempo, todas as frases devem ser trabalhadas dessa forma.

Bom, já estamos com a autoestima despedaçada. Agora vamos reconstrui-la. Vamos ver como as próximas frases afetam a autoestima.

Lembrem-se de que os papeis devem ser reunidos proporcionalmente a quanto as frases afetam a autoestima.

Slide 13, fita adesiva

O/a terapeuta deve ler as frases que aparecem no slide, deixando um tempo para que unam novamente os papeis.

Vamos ver como esta frase fortaleceu cada um de vocês. Para isso, unam os pedaços de papel. Como podem observar, a mesma frase reconforta cada pessoa de maneira diferente. Assim, algo que serve para elevar meu ânimo não serve para elevar o ânimo de outra pessoa. Devemos buscar aquelas afirmações que servem para nos fortalecer e cuidar da nossa autoestima.

Quando terminarem a tarefa, o/a terapeuta deve perguntar:

A autoestima de vocês está recuperada? Ou parte dela? [Deixar um tempo para as respostas.] A autoestima fica abalada diariamente, mas é preciso identificar o que a aumenta e o que a diminui e o que a abala, evitando aquilo que faça mal a ela e apoiando-se naquilo que ajuda a aumentá-la.

Folha de trabalho 2

Para essa tarefa, o/a terapeuta deve ter em mãos a Folha de trabalho 2

Agora que sabemos o que é autoestima e como ela é afetada, nesta atividade tentaremos aumentar a autoestima através das nossas qualidades positivas.

O/a terapeuta deve distribuir a folha de trabalho e, quando terminar, deve comentar:

Como podem ver, existem cinco colunas na folha de trabalho. Hoje falaremos apenas das quatro primeiras. Em primeiro lugar, peço que identifiquem qualidades físicas ou de personalidade que vocês têm ou que já tiveram. [Dar vários minutos para que a tarefa seja realizada.] *Agora que já listaram as qualidades, quero que marquem com um X na segunda coluna as "qualidades que perdi depois do TCE". Além disso, devem colocar um X na terceira coluna para assinalar as qualidades que mantêm atualmente.* [Dar vários minutos para que a tarefa seja realizada.]

Agora, gostaria que preenchessem a quarta coluna com as qualidades que acreditam ter desenvolvido depois do TCE. [Dar vários minutos para que a tarefa seja realizada.] Pensaram em alguma qualidade? [Dar vários minutos para que respondam.] O mais comum é que os participantes achem difícil identificar alguma qualidade nova desenvolvida depois do acidente. Por esse motivo, o/a terapeuta deve dar exemplos. *Vejo que não pensaram em nada. Vou ajudar um pouco. E se eu disser que, por exemplo, agora vocês são mais agradecidos em relação aos outros, com a vida em geral? Ou que, antes do acidente, não se esforçavam tanto para alcançar um objetivo? Levando isso em consideração, preencham a coluna.* [Dar vários minutos para que a tarefa seja realizada.]

Que reflexões vocês tiram desta atividade? O objetivo desta pergunta é ver se os participantes puderam entender que, apesar das mudanças em suas vidas, sobretudo depois do TCE, nem tudo é negativo, podem ter sido desenvolvidas novas habilidades. Se algum participante refletir sobre isso, dar um reforço e completar a reflexão com a frase seguinte, caso isso seja oportuno:

É isso, as mudanças sofridas em nossa vida dão a oportunidade de adquirir novas qualidade e apreciar as que antes não valorizávamos. De modo geral, depois do TCE, as pessoas se concentram apenas nas qualidades que consideram perdidas. Isso pode não ser assim, mesmo que não gostemos; podemos ter mantidas algumas qualidades e, inclusive, termos desenvolvido outras mais.

Se ninguém conseguir chegar a essa conclusão (ou a alguma parecida), o/a terapeuta deve explicar a frase anterior.

7. TAREFA PARA CASA (5 MINUTOS)

Atribuir a Tarefa para casa.

Tarefa para Casa 3

Por tudo que vimos hoje, a tarefa para casa é escolher algumas qualidades da terceira e da quarta colunas para colocá-las em prática, uma a cada dia durante esta semana, até a próxima sessão. Por exemplo, se alguém disse que sua qualidade são seus olhos azuis, na terça-feira poderia se maquiar para ressaltar a cor de seus olhos. Ou, outro exemplo, se alguém se considera um bom cozinheiro, na quarta-feira poderia ser a pessoa que faria algo especial para um parceiro, amigo ou familiar. Por favor, já que hoje vou recolher a folha de trabalho, peço que escrevam as qualidades em uma folha separada.

A Folha de trabalho 2 deve ser guardada até a sessão 5, quando será utilizada para uma atividade.

8. CAIXA DE DÚVIDAS (10 MINUTOS)

Caixa de dúvidas, Anexo A, Resumo

Finalizamos esta sessão. Antes de responder as dúvidas, vou entregar um resumo daquilo que aprendemos hoje. [Estregar o resumo]. *Por favor, coloquem suas dúvidas para que possamos resolvê-las antes de nos despedirmos.*

O/a terapeuta recolhe as dúvidas que estiverem na caixa. Se houver apenas uma ou duas, selecionar mais outras duas no Anexo A e uni-las às outras. Lê-las aleatoriamente e solucionar as dúvidas. Dependendo do tempo, o/a terapeuta pode fazer um debate para resolvê-las ou apenas dar a explicação. As dúvidas estão no Anexo A já foram respondidas e serão utilizadas apenas se isso for necessário.

Caso seja apresentada uma dúvida muito pessoal, solucionar primeiro as demais e acrescentar em seguida:

Solucionamos todas as dúvidas da caixa, menos uma, que precisa ser solucionada em privado. Por favor, a pessoa que colocou uma dúvida que ficou sem resposta, entre em contato comigo para resolvê-la de forma particular.

Final da sessão 3

SESSÃO 4
HABILIDADES SOCIAIS (COMUNICAÇÃO E SEDUÇÃO) PARA PESSOAS COM TCE (1ª PARTE)

4

ESQUEMA DA SESSÃO 4

Conteúdo	Materiais:	Duração sugerida (2h30min)
1. Saudações e objetivos da sessão	Slide 1	5 minutos
2. Revisão da tarefa para casa	Tarefa para casa 3	10 Minutos
3. Comunicando	Folha de trabalho 1 Slides 2-4 Anexo 1 Vídeo "Estilo de comunicação agressiva" e "Estilo de comunicação assertiva', Vídeo 3	60 Minutos
4. Intervalo		30 minutos
5. Me relaciono aos poucos	Folha de trabalho 2-3	25 Minutos
6. Caixa de dúvidas	Caixa de dúvidas. Anexo A	5 minutos
7. Tarefa para casa	Tarefa para casa 4 Resumo	5 minutos

1. CUMPRIMENTOS E OBJETIVOS DA SESSÃO (5 MINUTOS)

Cumprimentar e começar explicando os objetivos que devem ser alcançados nesta sessão.

Slide 1

Bom dia a todos. Hoje trataremos de um tema que servirá para melhorar as relações sociais. Como vocês sabem, o TCE causa uma série de problemas que podem afetar a forma como nos relacionamos com as outras pessoas, podendo provocar o isolamento (por exemplo, quem sofre um TCE não retoma seus hobbies, fica fechado em sua própria casa) e a redução significativa das relações sociais. Hoje focaremos no tema das habilidades sociais e o quanto elas são importantes para melhorar as interações com os outros. Os objetivos da sessão de hoje são:

1. *Definir o que são habilidades sociais e como elas podem ser afetadas depois de um TCE.*
2. *Explicar os diferentes estilos de comunicação que as pessoas com TCE podem utilizar em diferentes momentos da vida, com o objetivo de melhorar as relações com as outras pessoas.*
3. *Apresentar técnicas que possam ser úteis para pessoas com TCE quando estabelecerem novas relações sociais.*

2. REVISÃO DA TAREFA PARA CASA (10 MINUTOS)

Tarefa para Casa 3

Na última sessão vimos como, apesar das mudanças em nossas vidas, principalmente após o TCE, ainda mantemos algumas qualidades ou até desenvolvemos algumas novas. O dever de casa consistia em trabalhar uma qualidade diferente a cada dia. Tem sido fácil ou difícil para você trabalhar essas qualidades diariamente?

Deixar um tempo para discutir cada questão em grupo. Reforçar as respostas dos participantes e se houver alguma dúvida, esclarecê-la.

Algum familiar ou amigo lhe disse algo relacionado a essa qualidade que você tentou promover? [Esperar as respostas.] *Como você se sentiu naquele momento?* [Esperar as respostas.]

Com essas reflexões, pretende-se que os participantes percebam que, ao trabalharem as suas qualidades, as pessoas que os rodeiam podem perceber e reconhecer essa ação e, diante de um *feedback* positivo, se sentirem felizes.

Alguns dos participantes podem indicar que não notaram nenhuma mudança por parte das pessoas ao seu redor. Nesse caso, o terapeuta deve perguntar como se sentem ao aprimorar suas qualidades, se trabalhar nelas ou retomá-las fez com que se sentissem melhor, sem levar em conta a opinião dos outros. *Por exemplo, pode ser que para realçar a cor dos seus olhos (uma qualidade identificada por um participante) você decidiu se maquiar e seu parceiro ou familiar não percebeu.* Neste caso, o participante terá que ser perguntado como se sentiu quando ele mesmo viu seus olhos maquiados.

3. COMUNICANDO (60 MINUTOS)

Explicar os três estilos de comunicação.

Habilidades sociais são todas as atitudes utilizadas para nos relacionarmos com aqueles que nos rodeiam. Como comentamos no início da sessão, essas habilidades podem sofrer alterações depois de um TCE. No entanto, como são "habilidades", podem ser trabalhadas, de forma que aquelas que foram esquecidas podem ser reaprendidas e/ou melhoradas, além disso, é possível potencializar aquelas que já possuímos. Para isso, é importante primeiro observar o modo como nos comunicamos atualmente e, a partir daí, construir maneiras mais apropriadas para nos aproximarmos e reagirmos as outras pessoas.

Vamos começar com uma série de exercícios para aprendermos a nos comunicar de maneira mais efetiva. Primeiro, é preciso ter conhecimento dos elementos que interferem na comunicação.

Anexo 1

Quais são as coisas que interferem e são importantes na comunicação com outras pessoas? [Esperar pelas repostas. O terapeuta deve escrever todas na lousa. Se forem mencionados apenas aspectos verbais da comunicação, continuar com a próxima ação. O/a terapeuta pode consultar o Anexo 1 para ter mais elementos. *Apenas o que se diz é importante ou outros fatores podem interferir?* [Esperar as respostas]. *Para ficar mais fácil, talvez ajude pensar em situações mais concretas, nas quais vocês tenham se comunicado com outras pessoas. Podem fechar os olhos e visualizar tudo o que acontecia naquele momento. Por favor, falem sobre tudo que considerarem importante para que eu escreva na lousa e possamos depois conversar jutos.*

O/a terapeuta espera 10 minutos para que todos respondam. Depois que todos compartilharem suas observações, o/a terapeuta pode comentar e acrescentar outras que não tenham aparecido e aproveitar para apresentar a próxima tarefa.

Vimos que muitos elementos interferem na comunicação. O mais importante não é apenas o que dizemos, mas também como dizemos, nossos gestos, tom de voz, postura corporal e ainda o que transmitimos com a roupa que usamos em determinado momento. Agora veremos que, de acordo com cada um desses elementos, utilizaremos um tipo de comunicação. Basicamente, os estilos de comunicação são três: agressivo, passivo e assertivo. Vamos conhecê-los através de diferentes exemplos, voltando nossa atenção para: os direitos que devem ser levados em consideração, o que é dito, o tom de voz, o olhar, os gestos e a postura corporal.

É importante que, à medida que apresente os estilos de comunicação, o/a terapeuta dê exemplos daquilo que for dizendo. Por exemplo, se disser que o estilo de comunicação agressivo utiliza um tom de voz alto, deve falar forte; se explicar que seu olhar é fixo e intimidador, deve olhar os participantes fixamente e de forma intimidadora; fazer isso para que os participantes entendam exatamente à que está se referindo.

Slide 2

Vamos começar com o estilo agressivo. Como podem observar, a pessoa que utiliza este estilo de comunicação leva em consideração apenas seus próprios direitos, prestando pouca atenção ao que querem as outras pessoas. Uma pessoa com estilo de comunicação agressivo pode utilizar expressões como: "você deveria saber...", "a culpa é sua...", "você é um...", "cale a boca", tc. É importante saber que, quando se utiliza um estilo agressivo, não falamos necessariamente de um insulto. Se focarmos no tom de voz, é possível observar que este é alto a ameaçador; o olhar é fixo e os gestos são enérgicos e bruscos. Além disso, a postura corporal é intimidadora, invadindo muitas vezes o espaço do outro.

Slide 3

Por outro lado, as pessoas que utilizam o estilo passivo tendem a valorizar muito os direitos dos outros, muitas vezes mais do que os próprios. Costumam se comunicar utilizando expressões como: "como você quiser...", "tanto faz", "tudo bem, não tem problema", "faça do jeito que você quiser" etc. Seu tom de voz é baixo e não costuma olhar nos olhos de forma direta. Os gestos são retraídos e a postura corporal demonstra passividade: os ombros são caídos, o corpo é lânguido etc.

Slide 4

Por fim, as pessoas que usam um estilo assertivo levam em consideração seus direitos e os dos demais e costumam utilizar expressões como: "eu acho...", "eu acredito que...", "quando me diz isso, você me faz sentir...", "estendo que você faça isso, mas eu gostaria que você...", etc. O tom de voz é firme, mas não forte como no estilo agressivo. O olhar também é fixo, mas não intimidador como no caso de uma pessoa de estilo agressivo. Os gestos são enérgicos, mas não são bruscos, e a postura corporal é firme, mas não invade o espaço pessoal do outro.

Vídeo "Estilo de comunicação agressiva", Folha de trabalho 1

Para exemplificar cada um desses estilos que acabamos de explicar, vamos assistir a um vídeo que apresenta situações nas quais cada um desses estilos é aplicado. Prestem bastante atenção, porque, ao final de cada vídeo, cada um de vocês irá escrever na folha de respostas que vou entregar quais estilos de comunicação os protagonistas estão empregando e por quê. Depois vamos comentar em grupo.

Neste vídeo, vemos uma jovem utilizando um estilo agressivo e um jovem tentando, à princípio, utilizar o estilo assertivo, mas acabando por utilizar o estilo passivo. Deixar alguns minutos para que os participantes escrevam suas respostas. Depois, compartilhar as ideias com o grupo.

Que tipo de estilo de comunicação os protagonistas utilizaram? [Deixar um tempo para as respostas.] *Em que vocês se baseiam para terem escolhido esse estilo?* [Deixar um tempo para as respostas.] *Como vocês acham que o jovem se sentiu?* [Deixar um tempo para as respostas.]

Tendo acertado ou não, perguntar aos participantes por que escolheram esse estilo para cada parte do vídeo, em quais elementos se basearam para tal escolha e corrigir suas respostas.

Se alguém responder corretamente, reforçar a resposta correta e passar para o próximo vídeo, caso todos tenham entendido por que a resposta está correta. No caso de ninguém responder corretamente, dizer o seguinte:

A jovem começa com um estilo assertivo, mas quando o jovem recusa seu convite, ela muda para um estilo agressivo e desliga o telefone sem se despedir. Quando voltam a se encontrar e o jovem pergunta sobre o cinema, ela continua com um estilo agressivo: responde de forma seca, levanta a voz, utiliza ironia; sua postura corporal muda: ela aponta para ele, fixa em seus lábios, usa um olhar desafiador. Como podem ver, não é necessário insultar para ser agressivo ou transmitir uma mensagem negativa. O jovem, por outro lado, apesar de tentar ser assertivo no início, sente que a situação o supera e ele começa a se comportar passivamente. Por exemplo, ele começa a gaguejar, não se faz respeitar nem defende seus direitos, não encontra o momento certo para falar etc.

Devemos sempre levar em consideração como o outro pode se sentir em relação a nossa forma de comunicar. Nesse caso, poderíamos dizer que ele poderia ter se sentido triste e confuso pela reação e comentários recebidos dela. Tentar saber como o outro se sente nos ajudará, por um lado, a entender por que a outra pessoa nos diz certas coisas ou se comporta de determinada maneira e, por outro lado, a controlar nossas palavras e comportamentos. Essa capacidade de antecipar a situação com base no conhecimento que temos sobre o que o outro pode pensar ou sentir é conhecida como teoria da mente.

O terapeuta pode reproduzir o vídeo novamente, parando nos aspectos que são indicativos de cada estilo.

Vídeo "Estilo de comunicação assertivo", Folha de trabalho 1

Neste vídeo, vemos uma jovem utilizando um estilo agressivo e um jovem utilizando o estilo assertivo.

Que tipo de estilo de comunicação os protagonistas utilizaram? [Deixar um tempo para as respostas.] *Em que vocês se baseiam para terem escolhido esse estilo?* [Deixar um tempo para as respostas.] *Como você acham que a jovem se sentiu?* [Deixar um tempo para as respostas.]

Se alguém responder corretamente, reforçar essa resposta. No caso de ninguém responder corretamente, dizer o seguinte: *A jovem começa com um estilo assertivo, mas quando seu convite é recusado, muda para um estilo agressivo, assim como vimos no vídeo anterior. No entanto, o jovem mantém o olhar, parece calmo, responde com calma e sem ferir a outra pessoa, defendendo-se. O jovem se defende do que a jovem está lhe dizendo, dá suas razões e também tenta encontrar uma solução para o problema.*

Durante a tarefa, os slides 2 a 4, nos quais os elementos dos diferentes estilos são explicados, devem ser retirados para que os participantes tentem relembrá-los por si próprios.

A seguir, vamos representar juntos duas situações cotidianas para que vocês possam colocar em prática cada um dos três estilos de comunicação e aprender a identificar qual é o estilo mais adequado para cada circunstância.

O/a terapeuta pede por voluntários ou escolhe as pessoas que farão *role-play* (encenação) e explica o que deve ser feito. Para cada situação, escolher uma pessoa diferente. Cada situação deve durar cerca de 15 minutos.

Situação 1: Convidar uma pessoa que goste para beber algo

Imaginemos que você gosta de mim. Convide uma pessoa que goste para sair e beber algo. Às vezes direi não e às vezes direi sim. Preste atenção não apenas no que eu digo para você, mas também no meu tom de voz, gestos etc., dependendo do que você me disser. Você deve utilizar um estilo da comunicação assertiva.

O/a terapeuta deve dar *feedback* (retroalimentar) com base no que for apresentado. Por exemplo, se quando se encontrarem pela primeira vez o participante não cumprimentar e disser diretamente ao terapeuta, em tom agressivo, "Você quer sair para tomar um drinque comigo?", o terapeuta pode responder: "Temos que iniciar a conversa primeiro nos cumprimentando ou nos apresentando", e poderia acrescentar "Não gosto quando você me pede coisas nesse tom, gostaria que você me abordasse de uma maneira mais agradável, desse jeito não gostaria de tomar uma bebida com você". Se o participante utilizar um estilo passivo, o/a terapeuta pode dizer que, com esse tom de voz baixo e com essa forma de se expressar, passa a impressão de alguém que não quer realmente tomar um drinque.

Se o participante utilizar o estilo assertivo, o/a terapeuta deve responder que adoraria sair para beber.

Durante a tarefa, o/a terapeuta poderá pedir a colaboração do resto do grupo para avaliar como a situação foi enfrentada.

Situação 2: Recusar o convite para sair para beber com uma pessoa que não gostamos

Neste caso, vamos representar duas pessoas novamente, mas, desta vez, vou tentar convidá-lo para uma bebida e você terá que me rejeitar assertivamente. De novo, preste atenção não apenas no que eu digo para você, mas também no meu tom de voz, gestos etc., dependendo do que você me disser.

O terapeuta deve convidar um participante para beber usando dois estilos de comunicação. Na primeira situação, utilizar um estilo de comunicação passivo, para que os participantes observem que não é um estilo muito convincente para fazer um convite a alguém. Durante as encenações, quando o/a terapeuta for rejeitado com um estilo agressivo, por exemplo, ele pode responder: "Eu entendo que você não está com vontade, mas você poderia me dizer de outra forma, assim você me faz sentir mal". Se algum participante utilizar um estilo passivo, o/a terapeuta enfatizará que ele tem o direito de recusar o convite, mantendo sua resposta firme, não recuando e não se envergonhando disso.

Na segunda encenação, o/a terapeuta começa com um estilo assertivo que se tornará agressivo quando o participante recusar o convite. Com esta situação, o que se pretende é que os participantes observem que existem pessoas aparentemente amigáveis que podem, posteriormente, tornar-se agressivas. Além disso, é uma nova oportunidade de ensinar e praticar com os participantes uma maneira de manter sua vontade e o que fazer quando a situação se tornar muito desconfortável. Para isso, durante a encenação, o/a terapeuta deve continuar a insistir de forma agressiva, até mesmo agarrando o participante. Esta encenação pode ser usada para ensinar aos participantes o que fazer nestas situações: pedir ajuda a outra pessoa, escapar usando uma desculpa (por exemplo, "claro, vou ao banheiro e vamos tomar uma bebida, e ir embora em seguida"); tentar estar em local público para que, caso algo aconteça, você possa receber ajuda etc.

Durante a tarefa, o/a terapeuta poderá pedir a colaboração do resto do grupo para avaliar como a situação foi enfrentada. A partir desta tarefa, os participantes devem compreender o conceito de consentimento, ou seja, a importância de respeitar a vontade da outra pessoa e de ter a nossa vontade respeitada quando nos pedem para fazer algo que não queremos. Esse conceito será desenvolvido de forma mais aprofundada no vídeo intitulado "Consentimento é como chá", que pode ser acessado no link: https://www.youtube.com/watch?v=E4WTnJCMrH8 e, na sessão 8, na parte de "Direitos sexuais".

Vídeo 3

No próximo vídeo que vou mostrar, vamos dar uma olhada mais de perto na questão do consentimento e de quando "Não é Não". No exemplo que acabamos de encenar, o parceiro tentou manter sua vontade de não querer sair para beber. Bem, o exemplo que vocês verão aqui pode ser aplicado a qualquer situação da vida cotidiana. Por favor, prestem atenção para que depois possamos comentar. [Deixar um tempo para assistirem ao vídeo e continuar com a explicação.]

Como qualquer pessoa, temos nossos direitos e devemos fazer que eles sejam respeitados e, ao mesmo tempo, respeitar os dos outros. Um dos direitos mais importantes que temos é o poder de dizer "não" quando quisermos, não importa se já dissemos sim antes, podemos mudar de ideia a qualquer momento e isso deve ser compreendido. A mesma coisa acontece quando nos disseram inicialmente "sim" e, então, a pessoa muda de ideia. Devemos respeitar sua decisão instantaneamente, sem pressionar, chantagear, coagir ou insistir.

4. INTERVALO (30 MINUTOS)

Intervalo.

5. PASSO A PASSO EU ME RELACIONO (25 MINUTOS)

Esta atividade se concentrará no planejamento para realizar um encontro com alguém.

Folha de trabalho 2

Além de ter um estilo comunicativo adequado à situação social em questão, também é importante saber planejar e organizar corretamente os passos que temos que dar para que o encontro ocorra de forma satisfatória para todos, cuidando dos detalhes. Por exemplo, é importante ou não ligar para nosso amigo em horário em que ele não estiver trabalhando? É importante ou não ir asseado no encontro? Etc.

Quais outras coisas são importantes serem levadas em consideração antes e durante o encontro? [Esperar que os participantes respondam.]

Deixar um tempo para o debate. O/a terapeuta distribui a Folha de trabalho 2, enquanto explica:

Como podem ver, esta planilha tem vários pontos numerados que vocês devem completar com todas os passos necessários para marcar um encontro com um amigo/a, desde levar em consideração o tempo adequado para telefonar para ele/a, até como serão os cumprimentos quando se encontrarem.

Deixar 5 minutos para o planejamento da atividade e, depois, compartilhar todas as ideias para que nenhum passo importante seja deixado de lado. É preciso discutir desde a hora do dia em será feito o telefonema para o amigo, passando por procurar uma atividade que as duas pessoas apreciem e possam realizar juntas, qual roupa seria a mais adequada para a ocasião, o dinheiro que é necessário levar, a importância da higiene etc. É importante apresentar exemplos concretos, por exemplo, usamos a mesma roupa para ir a um casamento e para ir tomar um café? Que tipo de roupa usamos para cada ocasião? etc.

Em seguida, o/a terapeuta continua com a próxima tarefa de planejamento, com uma atividade social diferente, agora, uma viagem de fim de semana.

Folha de trabalho 3

Depois do tudo que vimos no exemplo anterior, vamos planejar uma viagem de fim de semana com um/a amigo/a.

Deixar 5 minutos para o planejamento da atividade e, depois, compartilhar todas as ideias. O/a terapeuta deve discutir com os participantes quais foram os passos incluídos, concentrando-se especialmente nos passos que eles não foram levados em consideração. Por exemplo, se vamos sair no carro do nosso amigo, é importante propor pagar o combustível pela metade? Se formos à praia, será necessário levar agasalhos ou roupa de banho? Colocaremos apenas roupas ou também utensílios para nos limparmos, toalha, remédios etc.?

6. CAIXA DE DÚVIDAS (5 MINUTOS)

Caixa de dúvidas, Anexo A

Finalizamos esta sessão. Por favor, coloquem suas dúvidas para que possamos resolvê-las antes de nos despedirmos.

O/a terapeuta recolhe as dúvidas que estiverem na caixa. Se houver apenas uma ou duas, selecionar mais outras duas no Anexo A e uni-las as outras. Lê-las aleatoriamente e solucionar as dúvidas. Dependendo do tempo, o/a terapeuta pode fazer um debate para resolvê-las ou apenas dar a explicação. As dúvidas estão no Anexo A já foram respondidas e serão utilizadas apenas se isso for necessário.

Caso seja apresentada uma dúvida muito pessoal, solucionar primeiro as demais e acrescentar em seguida: *Solucionamos todas as dúvidas da caixa, menos uma, que precisa ser solucionada em privado. Por favor, a pessoa que colocou uma dúvida que ficou sem resposta, entre em contato comigo para resolvê-la de forma particular.*

7. TAREFA PARA CASA (5 MINUTOS)

Atribuir a Tarefa para casa 4.

Tarefa para Casa 4, Resumo

Vocês devem fazer as atividades para a próxima sessão. Na primeira, vocês devem encontrar uma atividade social gratificante, pode ser ir ao cinema, passear, fazer compras ou qualquer outra coisa que vier à mente. Depois de selecionar a atividade, vocês devem planejar todas as etapas necessárias para torná-la realidade. Tente convidar uma pessoa que você goste ou um amigo para a atividade, caso você seja solteiro. Para quem tiver um/a parceiro/a, fazer o convite a essa pessoa. Por fim, coloquem em prática o planejamento feito, utilizando o estilo de comunicação assertivo.

O objetivo desta tarefa é que os participantes aprendam a planejar uma atividade e usar um estilo de comunicação assertivo para que no futuro possam aplicá-lo em outras atividades, com alguém com quem desejem ter um relacionamento mais íntimo.

Antes de irmos, vou distribuir o resumo do que foi aprendido nesta sessão.

Final da sessão 4

SESSÃO 5
HABILIDADES SOCIAIS (COMUNICAÇÃO E SEDUÇÃO) PARA PESSOAS COM TCE (2ª PARTE)

5

ESQUEMA DA SESSÃO 5

Conteúdo	Materiais:	Duração sugerida (2h30min)
1. Cumprimentos e objetivos da sessão	Slide 1	5 Minutos
2. Revisão da tarefa para casa	Tarefa para casa 4	10 Minutos
3. Definição de habilidades de sedução	Slides 2, 3 Folha de trabalho 1 Folha de trabalho 2 (sessão 3) Vídeo "Os defeitos podem ser virtudes"	25 Minutos
4. Onde conquistar e seduzir	Decoração Slide 4	25 Minutos
5. Intervalo		30 minutos
6. Aproximação e apresentação	Slides 5-6 Vídeo "Aproximação e boa e má apresentação"	10 Minutos

Conteúdo	Materiais:	Duração sugerida (2h30min)
7. Diálogo e despedida	Slides 7-8 Vídeo "A boa e má conversa" Vídeo "A boa e má despedida"	15 minutos
8. Manter a relação ao longo do tempo	Folha de trabalho 2 Anexo 1	15 minutos
9. Caixa de dúvidas	Caixa de dúvidas Anexo A	10 Minutos
10. Tarefa para casa	Tarefa para casa 5 Resumo	5 minutos

1. CUMPRIMENTOS E OBJETIVOS DA SESSÃO (5 MINUTOS)

Cumprimentar e explicar os objetivos que devem ser alcançados nesta sessão.

Slide 1

Bom dia a todos. Hoje falaremos especificamente sobre o que são habilidades de conquista. Assim como as habilidades sociais, por serem habilidades, podem ser aprendidas e melhoradas. Esse será o foco desta sessão. Os objetivos de hoje são:

1. *Esclarecer o que são as habilidades de conquista e como utilizá-las para atrair outras pessoas.*
2. *Distinguir os lugares mais adequados para poder conhecer pessoas que podemos gostar.*
3. *Aprender a estabelecer uma conversa com todos os passos envolvidos: aproximação, apresentação, diálogo e despedida.*
4. *Para aqueles que já têm um/a parceiro/a ou que terão um/a no futuro, aprenderemos como manter nosso relacionamento estável.*

2. REVISÃO DA TAREFA PARA CASA (10 MINUTOS)

Revisar a tarefa para casa e apresentar uma definição para habilidades de conquista.

Tarefa para Casa 4

Em primeiro lugar, vamos rever como foi a tarefa para casa da sessão anterior, já que as habilidades sociais que abordamos estão intimamente relacionadas às habilidades de conquista de hoje.

Como foi a escolha da atividade gratificante? [Esperar as respostas.] *Como planejaram a atividade antes de realizá-la?* [Esperar as respostas.] *Isso ajudou a completar a atividade com mais precisão?* [Esperar as respostas.] *Como foi com a pessoa que vocês convidaram?* [Esperar as respostas.]

A partir do que for comentado, apontar o que pode ser melhorado no estilo de comunicação, segundo o que foi aprendido até agora (por exemplo, linguagem verbal e não verbal). Por exemplo, se durante o encontro social, apenas o participante do programa falou, mas não ouviu seu interlocutor, é dito que é importante não apenas falar, mas também ouvir o outro para seguir os tópicos da conversa e para que a outra pessoa se sinta confortável ao nosso lado.

Agora que sabemos nos comunicar, nesta sessão daremos mais um passo: veremos as habilidades de conquista.

3. DEFINIÇÃO DE HABILIDADES DE CONQUISTA (25 MINUTOS)

Slides 2 e 3

Vamos começar esclarecendo à que estamos nos referindo quando falamos de habilidades de conquista e identificando nossos pontos fortes e fracos (ou aspectos que podemos melhorar).

Em primeiro lugar, é preciso explicar a diferença entre conquistar e seduzir. Seduzir é uma ação que tem um objetivo determinado: ter relações sexuais, companhia, um affaire etc. No entanto, conquistar é algo mais amplo, é uma atitude. Podemos ter em nossa vida uma atitude de conquista, no sentido de atrair pessoas de um modo positivo, não necessariamente para ter relações sexuais, mas aproximar qualquer pessoa (por exemplo, amigos/as, companheiros/as de trabalho, pessoas conhecidas).

De forma muito resumida, podemos dizer que conquistar consiste em saber oferecer a melhor versão de nós mesmos, ou seja, saber mostrar as melhores virtudes e qualidades que podem ser atrativas para a outra pessoa (por exemplo, atitudes, gostos similares etc.) Além disso, trata-se de aceitar os aspectos que não podem ser mudados e potencializar os que podem ser mudados.

Para isso, o mais importante é conhecermos a nós mesmos, ou seja, saber como conquistamos e o que pode ser melhorado, e também o que nos atrai nas outras pessoas.

Folha de trabalho 1 (sessão 5)

Para esta tarefa, os participantes devem estar sentados em duplas, como se estivessem em um *speed dating* (encontro rápido).

Sentem-se em duplas para conversarem durante 5 minutos. A tarefa é que vocês procurem se conhecer.

Dar 5 minutos para que comecem a falar, sem dar nenhuma instrução. Ao final de 5 minutos, o/a terapeuta deve dizer aos participantes que troquem a Folha de trabalho 1 (sessão 5) para que eles coloquem seus nomes e ao menos três qualidades positivas que o outro mostrou. Depois de escreverem essas qualidades, os participantes devem devolver as folhas e formar a próxima dupla com o colega seguinte e continuar com o mesmo processo. As folhas devem estar dobradas para que a pessoa que vem a seguir não veja o que foi escrito anteriormente. Este processo também deve ser feito com um terceiro/a colega, como estivessem em um encontro. Dessa forma, é possível assegurar que as opiniões dos participantes não sejam influenciadas pelas opiniões dos outros participantes e que a pessoa receba as opiniões dos três participantes desse encontro simulado. Por questão de tempo, deve-se trocar as duplas apenas três vezes.

Folha de trabalho 2 (sessão 3)

Quando a tarefa for finalizada, o/a terapeuta deve distribuir a Folha de trabalho 2 da sessão 3.

Agora, gostaria que vocês comparassem, individualmente, as qualidades que vocês identificaram em si mesmos na sessão 3 com as que seus colegas escreveram hoje. Existem algumas qualidades novas?

Deixar um tempo para que façam a comparação, preencham a coluna "Outras pessoas veem em mim (preencher na sessão 5)" e darem suas respostas. Se responderem afirmativamente, reforçar essa participação.

Existe alguma qualidade que tenham comentado e que vocês não tinha escrito?

Deixar um tempo para as respostas. Se responderem afirmativamente, reforçar essa participação. O/a terapeuta deve explicar:

Como vocês puderam ver, alguns aspectos que vocês não gostam em si mesmos foram aspectos que agradaram outras pessoas. Por essa razão, devemos entender hoje que não existem qualidades positivas ou negativas, mas que, dependendo das circunstâncias, das pessoas com as quais estamos, como aproveitamos essas qualidades etc. elas serão algumas vezes algo "positivo" ou algo "negativo". Por exemplo, pode ser que, para mim, o fato de ser alto/a [mudar a característica segundo cada terapeuta] *me deixe complexado/a, mas isso acaba sendo uma qualidade que atrai algumas pessoas. Um exemplo disso está no vídeo que vamos ver a seguir.*

Vídeo "Os defeitos podem ser virtudes"

4. ONDE CONQUISTAR E SEDUZIR (25 MINUTOS)

Serão vistos os lugares mais apropriados para conquistar e seduzir, assim como quais são os roteiros de conduta mais adequados para cada lugar.

Espalhados pela sala, criar, com materiais de decoração e cartazes, cinco cenários com as legendas: biblioteca, cafeteria, *pub*, cinema e *Facebook*. Cada cenário deve usar a decoração para ajudar as pessoas a se sentirem nesse lugar, pode ser material real ou impresso em cartolinas. Na biblioteca: livros, mesas e cadeiras; na cafeteria: mesas, cadeiras, xícaras, pratos e colheres de café; no *pub*: copos longos, música; no cinema: cadeiras e uma tela ou a própria parede; no *Facebook*: um computador.

Decoração

Já comentamos que conquistar e seduzir não são a mesma coisa. Embora seja verdade que a conquista seja o primeiro passo para seduzir, ter relações sexuais. Se o que se pretende é conhecer uma nova pessoa para ter um encontro, temos que ter em mente que, na nossa sociedade, existem certos lugares onde é mais provável que isso aconteça.

Recriamos ao redor da sala alguns lugares onde existe maior probabilidade de encontrar alguém para sair. Por favor, vamos nos levantar e ir até os lugares onde vocês acreditam que possam conseguir estabelecer uma conversa e conhecer uma pessoa com quem possam marcar um encontro.

Quando os participantes estiverem nos cenários escolhido, iniciar a discussão.

Slide 4

Por que vocês escolheram esse cenário? [Esperar as respostas.] *Que roupa seria adequada usar nesse lugar?* [Esperar as respostas.] *Com que volume de voz devem falar?* [Esperar as respostas.] *Qual forma seria a mais apropriada para se aproximar ou não a alguém?* [Esperar as respostas.] *Nesse lugar, é normal que um estranho se aproxime para conversar?* [Esperar as respostas.] *Quais frases seriam as mais apropriadas nesse contexto?* [Esperar as respostas.]

Uma vez que os cinco contextos tenham sido discutidos, deve-se apontar os lugares mais adequados para conquistar: o *pub*, a cafeteria e o Facebook ou páginas para contato.

Como devem ter visto, existem várias formas pelas quais é melhor ou mais fácil/habitual abordar alguém. Por exemplo, considerando o volume de voz que se pode usar, onde seria mais fácil se aproximar de alguém: em uma biblioteca ou em uma cafeteria? [Esperar as respostas.] *Considerando o fato de que não seja estranho alguém se aproximar e começar uma conversa com você, onde seria mais fácil que alguém se aproximasse: no cinema ou no pub?* [Esperar as respostas.]

O/a terapeuta também deve explicar que cada lugar tem um certo roteiro, um código de conduta conhecido socialmente, que deve ser aprendido e seguido, para que equívocos não aconteçam. Por exemplo, é preciso explicar como abrir um perfil no *Facebook*, ou criar páginas para contato, quais fotos colocar no perfil, como adicionar novos amigos e onde mandar mensagens instantâneas etc. Falar sobre a importância da higiene e da roupa mais adequada para cada lugar: em um *pub*, à noite, as pessoas devem estar mais arrumadas do que em uma cafeteria durante o dia. Detalhar os melhores lugares para estar: em um *pub*, é melhor ficar longe do balcão, para dar lugar a encontros mais naturais, já que é um lugar onde é mais frequente que um estranho se aproxime para conversar; em uma cafeteria, o balcão é o melhor lugar para pedir um café e começar uma conversa, pois, sentados na mesa, seria mais invasivo alguém que alguém se aproximasse.

Dar a oportunidade para que os participantes tragam exemplos de outros lugares que não sejam esses que estão apresentados na sala.

5. INTERVALO (30 MINUTOS)

Intervalo.

6. APROXIMAÇÃO E APRESENTAÇÃO (10 MINUTOS)

Serão apresentadas formas de se aproximar e se apresentar a outras pessoas.

Agora que já escolhemos três lugares, sabemos o que vestir e onde ficar, também é importante a primeira impressão que podemos passar com aquilo que dissermos e fizermos ao nos aproximarmos para abordar outra pessoa.

Slide 5

Em primeiro lugar, devemos observar a situação com atenção e esperar o momento mais adequado para nos aproximarmos. Por exemplo, se virmos que a pessoa está falando com vários amigos que acabaram de chegar, esse não parece o momento mais adequado para nos aproximarmos e nos apresentarmos. É preferível esperar que a pessoa esteja sozinha ou que a conversa esteja mais clama.

Além de esperar o momento mais adequado para se aproximar de uma pessoa, devemos pensar na frase que vamos usar para começar a conversa, que deve estar de acordo com o lugar onde estivermos. Por exemplo, se estivermos em uma danceteria, espera-se que uma pessoa fale mais alto ou se aproxime mais para poder ouvir. Contudo, essa atitude não é aceitável em uma cafeteria. Da mesma maneira, se estivermos conversando através do Facebook ou de redes sociais, podemos olhar as fotos da pessoa com a qual queremos conversar e ver seus hobbies, falar sobre um tema relacionado com eles e sobre algo que tenhamos em comum com essa pessoa. Podem dar mais exemplos?

O/a terapeuta permite que os participantes deem exemplos sobre o que seria adequado em cada um dos três lugares do exemplo anterior. Se os participantes não acrescentarem nada, o terapeuta deve dar outros exemplos, começando com os mais simples. Por exemplo, em uma cafeteria, podemos dizer: "Vocês gostaria de um café?", "Você costuma tomar o café da manhã aqui?", etc. Também é preciso que o/a terapeuta corrija expressões que sejam inadequadas, descontextualizadas, muito invasivas ou obscenas, etc.

Agora vamos ver dois vídeos curtos. Prestem atenção para que depois possamos conversar sobre eles.

Vídeo "Cena 1: Aproximação e apresentação"

O que vocês pensam sobre as duas pessoas do vídeo? [Esperar as respostas dos participantes.] *Vocês acham que o jovem fez uma boa abordagem?* [Esperar as respostas dos participantes.]

Slide 6

Bom, como pudemos ver no vídeo, o jovem começa a falar com a jovem com a desculpa de pedir açúcar para seu café. Essa pode ser uma boa estratégia para esse contexto, mas é preciso ter a consciência de que não pode passar muito tempo para que se pergunte pelo nome da pessoa. Além disso, nesse passo de aproximação, é especialmente importante prestar atenção à linguagem não verbal. Vocês devem perceber se a pessoa está, ou não, à vontade com a sua presença, dependendo da maneira que ela se comporta ou de como responda à abordagem. Vamos ver outro exemplo de abordagem.

Vídeo "Cena 2: Aproximação e apresentação"

O que vocês pensam sobre as pessoas que aparecem no segundo vídeo? [Esperar as respostas dos participantes.] *Vocês acham que o jovem fez uma boa abordagem?* [Esperar as respostas dos participantes.]

Como vocês podem ver, o jovem invade o espaço pessoal da jovem ao se sentar tão perto dela, ele fala com ela com muita confiança e não percebe que a linguagem não verbal dela indica claramente que não se sente confortável com a situação: ela sorri à força e coloca fones de ouvido para ouvir música... É por essa razão que temos que observar não apenas o que a outra pessoa diz, mas também sua linguagem não verbal. Vocês acham que o jovem do primeiro vídeo deveria continuar a conversa ou seria mais apropriado se despedir de forma amigável? [Aguarde a resposta dos participantes]. *E quanto ao segundo vídeo, vocês acham que o jovem deveria continuar a conversa ou seria mais apropriado se despedir de forma cordial?* [Aguarde a resposta dos participantes].

7. DIÁLOGO E DESPEDIDA NO PRIMEIRO ENCONTRO (15 MINUTOS)

Apresentar formas de dialogar e se despedir da outra pessoa.

Slide 7

Uma vez que a conversa com outra pessoa começa, não apenas a frase inicial e a apresentação inicial são importantes, mas também saber continuar a conversa. Para isso, é essencial saber escutar a outra pessoa para continuar o rumo da conversa e não monopolizar o diálogo, para não entediar a outra pessoa. Por exemplo, não seria muito adequado falar constantemente sobre o TCE, a menos que a outra pessoa se interesse por isso. Nesse caso, é recomendável explicar o que aconteceu de forma concisa e com naturalidade. Também temos que prestar atenção para deixar a outra pessoa falar, perguntar sobre seus hobbies, trabalho etc.; não interromper, olhar nos olhos, acenar com a cabeça enquanto fala conosco etc.

Vídeo "Cena 1: Conversa"

A seguir, vamos ver cada um dos vídeos. Quero que prestem muita atenção, pois depois vamos falar juntos sobre os aspectos adequados ou inadequados nas posturas dos protagonistas para manterem uma conversa com outra pessoa.

Depois de ver os vídeos, deve-se comentar quais aspectos favorecem ou não o processo. Em seguida, colocar o primeiro vídeo.

Bom, como vocês veem essas pessoas? [Esperar a resposta dos participantes.] *A roupa escolhida era adequada para a situação?* [Esperar a resposta dos participantes.] *O que acharam do lugar? É adequado para manter uma conversa com outra pessoa?* [Esperar a resposta dos participantes.] *O que vocês podem falar sobre o tema escolhido para continuar a conversa?* [Esperar a resposta dos participantes.] *O que vocês acham da postura corporal? Essa dupla trouxe muitos temas interessantes: trabalho, filhos, viagens, coisas que têm em comum. Além disso, apesar do jovem ter mencionado seu acidente de trânsito, sendo sincero com a jovem, a conversa fluiu porque não ficou centrada apenas nisso, mas o assunto acabou servindo para trazer outro tema de interesse que tinham em comum. Também mantiveram uma boa postura corporal e respeitaram os momentos de fala um do outro.*

Vídeo "Cena 2: Conversa"

Vamos pensar no segundo vídeo. O que vocês acharam dos temas escolhidos para manter a conversa? [Esperar a resposta dos participantes.] *O que vocês acham da postura corporal? No caso desse casal, a mulher enfoca muito o tema do seu trabalho, concentrando toda a conversa nela mesma. Além disso, mesmo que ele tente abordar temas comuns aos dois, ela não liga e se concentra novamente em falar de si mesma, sem deixar que ele fale o suficiente.*

Slide 8

Muito bem. Agora que conseguimos manter uma conversa agradável com outra pessoa, o que devemos fazer na hora de nos despedirmos? Se essa pessoa nos interessou, é importante conseguir encontrar uma maneira de voltar a entrar em contato com ela; pode ser pedindo seu telefone ou marcando outro encontro. Agora, vamos ver outras duas formas de nos despedirmos. Prestem atenção para que depois possamos conversar.

Vídeo "Cena 1: Despedida" e "Cena 2: Despedida"

Bom, como vocês veem essas pessoas? [Esperar a resposta dos participantes.] *Acham que a despedida foi adequada?* [Esperar a resposta dos participantes.] *Por quê?* [Esperar a resposta dos participantes.] *O que vocês podem falar sobre o segundo casal?* [Esperar a resposta dos participantes.] *Vocês acham que a despedida foi adequada?* [Esperar a resposta dos participantes.] *Por quê?*

Ela está receptiva, sorri para ele, continua falando com ele, apesar de estar perto da hora do bar fechar. Além disso, enfatiza que suas amigas estão indo para o bar ao lado, como se estivesse querendo que ele entendesse que podem continuar a conversa ali. Quando ele diz a ela que seus amigos estão indo para outro lugar, ela pode ver que ele coloca a mão no bolso, como se quisesse tirar algo (provavelmente o telefone), mas parece que ele não interpretou bem o que ela disse, nem suas deixas não verbais e se despediu abruptamente. Por isso, perdeu a oportunidade de pedir o telefone dela ou de ter um novo encontro. E, além disso, depois da cena, ele se dá conta do erro que cometeu.

No segundo vídeo, ele é capaz de reagir de forma adequada e de interpretar bem o que a jovem diz, tanto verbalmente como de forma não verbal. Ele também sabe aproveitar a situação para pedir o número do telefone para ela e poder entrar em contato com ela ao longo da noite ou outro dia.

Nessas duas ocasiões, a outra pessoa parece ser receptiva, mas, por pensar que às vezes essa outra pessoa pode nos rejeitar, ficamos na defensiva, e, algumas vezes atacamos a pessoa. A todo momento devemos controlar nossa reação e, se tivermos que nos defender, fazer isso utilizando o estilo assertivo, que vocês já conhecem. Se a pessoa disser algo que não gostemos, é melhor utilizar frases como essas: "acho que você teve uma má impressão de mim, porque não é isso que eu queria transmitir", "isso não está certo, em nenhum momento eu quiz insinuar que acredito nisso" etc.

8. MANTER A RELAÇÃO AO LONGO DO TEMPO (15 MINUTOS)

Apresentar como manter a relação ao longo do tempo.

Já sabemos onde podemos conhecer pessoas novas, como nos apresentamos, dialogamos com elas e nos despedimos. Passada essa parte, o que alguns de vocês já fizeram, e por esse motivo já têm um/a parceiro/a, vamos ver o que é necessário para se manter uma relação. Aonde vocês iriam em um encontro?

O/a terapeuta deve deixar um tempo para as respostas dos participantes. Se forem dadas boas opções, reforçar essas respostas.

Realmente, esses lugares podem servir. Para os próximos encontros, temos que levar em consideração que já conhecemos melhor a outra pessoa e sabemos mais do que ela gosta. Assim como no primeiro encontro, devemos marcar algo em um lugar público para que a outra pessoa não fique incomodada. À medida que a relação avançar, os encontros podem acontecer em um lugar mais privado, inclusive na sua própria casa.

Como já conhecemos melhor a outra pessoa, se queremos surpreendê-la, devemos fazer algo que ela goste. Por exemplo, escolher um tipo de comida, o filme que vamos assistir ou outra atividade que possamos planejar. Se soubermos que a pessoa é fã de basquete, podemos fazer a surpresa de levá-la a um jogo; se ela gostar de relaxar, convidá-la para ir a um spa. Mesmo que essa pessoa já seja nossa parceira e estejamos confiantes, podemos preparar uma noite romântica em casa com velas, óleos aromáticos, massagens e tudo o que a imaginação quiser. Outro ponto que deve ser levado em consideração são os horários da pessoa, para saber quais dias são os mais indicados para marcar um encontro.

Por último, mesmo que a rotina seja algo bom, e o corpo agradeça, de vez em quando é preciso sair. Mudar é bom e devemos fazer isso. Não apenas mudar as atividades que fazemos com a pessoa, mas as mudanças em nós mesmos. Por exemplo, surpreender com uma roupa íntima nova, nos arrumarmos melhor se sabemos que o/a parceiro/a gosta que façamos isso, como usar uma maquiagem ou acessórios.

Folha de trabalho 2

Distribuir as folhas de trabalho aos participantes e dizer:

Agora vamos pensar em nosso/a parceiro/a. Se você não tiver alguém, pode pensar na pessoa que estiver conhecendo no momento ou em uma pessoa que chame sua atenção. Pensem em um plano mais íntimo para fazer com essa pessoa. Que atividade surpreendente/diferente vocês poderiam planejar. Podem escrever as respostas nas folhas de trabalho. [Deixar um tempo para que escrevam.] *Vamos ler em voz alta as ideias que vocês tiveram, assim poderemos compartilhá-las com os outros.*

Pedir para que leiam os planos; se todos tiverem boas ideias, continuar dizendo: *"Ótimo, que ideias interessantes".*

Se ninguém trouxer uma resposta, ajudar da seguinte maneira: *Para saber que plano agradaria nosso/a parceiro/a, devemos conhecê-lo/a, bem, falar abertamente com ele/a. Por exemplo, se soubermos que uma pessoa é aventureira e gosta de esportes de risco, podemos convidá-la para um voo panorâmico com um parapente motorizado. Mesmo que pessoas com TCE tenham limitações físicas, poderiam participar desse esporte especificamente, já que cada pessoa iria acompanhado de um monitor profissional e sentada em uma cadeira. Se a pessoa for mais tranquila, talvez uma sessão de cinema seja mais adequada. Para surpreender, você pode procurar por um filme 3D e depois dar um passeio, levá-la a um jantar romântico em um bom restaurante. Outra boa opção seria passar um fim de semana em uma cidade tranquila. Para uma atividade mais íntima, vocês poderiam escolher um filme erótico, pornográfico em casa, comprar "brinquedos" (veremos isso nas próximas sessões), elaborar novos "jogos", etc.*

Vamos continuar a atividade. Agora vocês irão escolher uma das atividades, a íntima ou a surpresa, e devem planejá-la. Na folha de trabalho, vocês podem encontrar algumas perguntas, por exemplo, em que dias essa atividade pode ser feita? À que horas? É preciso levar em consideração a existência de alguma sequela do TCE que interfira na realização da atividade? Como elas seriam superadas?

Deixar um tempo para as respostas e, em seguida, ler as respostas em voz alta. O/a terapeuta deve reforçar as boas respostas e corrigir as que possam acarretar alguma confusão. O/a terapeuta deve ressaltar que a atividade deve agradar as duas pessoas que participarem dela. Se o objetivo for surpreender o/a parceiro/a, a atividade deve ser mais agradável para ele/a, mas quem convida também deve estar confortável com essa atividade. Se o TCE deixou alguma sequela, devemos levá-la em consideração e ver se é possível superá-la. Por exemplo, se existirem problemas de mobilidade, é necessário procurar um lugar que seja acessível; se a sequela estiver relacionada à problemas de memória, uma alternativa seria escrever no celular, ou em um papel, tudo o que foi planejado e agendar um alarme etc.

Anexo 1

Agora vou mostrar um anexo com atividades para serem feitas com o/a parceiro/a para manter viva a relação ao longo do tempo. Por exemplo, na atividade dos "10 desejos", a pessoa deve colocar 10 desejos em um jarro (desejos pequenos, como ir ao cinema, preparar um jantar com sua comida favorita, receber uma massagem etc.) e, durante as 10 semanas seguintes, a outra pessoa tem que tornar esses desejos realidade. Na atividade "pegue seu parceiro", a tarefa consiste em flagrar a pessoa realizando coisas boas, que agradem vocês. Por exemplo, muitas vezes só olhamos para o lado ruim, como quando a outra pessoa fica brava, e não observamos o quanto ela é carinhosa, como cuida de nós ou até mesmo o sorriso lindo que ela tem. Durante a semana, vocês devem se esforçar para observar a outra pessoa fazendo coisas que você goste. Ao mesmo tempo, devem também tentar fazer o maior número de coisas agradáveis, sem se angustiar, para que a outra pessoa possa "pegar" você enquanto as está fazendo. Pode ser fazer a comida preferida ou fazer uma massagem nos ombros.

9. CAIXA DE DÚVIDAS (10 MINUTOS)

Caixa de dúvidas, Anexo A

Finalizamos esta sessão. Por favor, coloquem suas dúvidas para que possamos resolvê-las antes de nos despedirmos.

O/a terapeuta recolhe as dúvidas que estiverem na caixa. Se houver apenas uma ou duas, selecionar mais outras duas no Anexo A e uni-las às outras. Lê-las aleatoriamente e solucionar as dúvidas. Dependendo do tempo, o/a terapeuta pode fazer um debate para resolvê-las ou apenas dar a explicação. As dúvidas que estão no Anexo A já foram respondidas e serão utilizadas apenas se isso for necessário.

Caso seja apresentada uma dúvida muito pessoal, solucionar primeiro as demais e acrescentar em seguida:

Solucionamos todas as dúvidas da caixa, menos uma, que precisa ser solucionada em privado. Por favor, a pessoa que colocou uma dúvida que ficou sem resposta, entre em contato comigo para resolvê-la de forma particular.

10. TAREFA PARA CASA (5 MINUTOS)

Atribuir a Tarefa para casa 5.

Tarefa para Casa 5, Resumo

Para a próxima sessão, vocês devem realizar a atividade que elaboraram durante toda a sessão. Prestem atenção em todos os passos que vimos durante as duas últimas sessões. Caso decidam convidar para a atividade uma pessoa que estão conhecendo, se esforcem para que seja uma atividade agradável e que os dois apreciem. Caso façam a atividade com um/a parceiro/a com o qual você já se relacionamento estabelecido, a ideia é surpreender e recuperar a magia dos primeiros encontros. Na folha de resposta, vocês podem encontrar uma série de observações. Gostaria que, depois de marcar o encontro, anotassem todas as observações que gostariam de comentar na próxima sessão.

Antes de irmos, vou distribuir o resumo do que foi aprendido nesta sessão. Nos vemos na próxima sessão.

Final da sessão 5

SESSÃO 6
CORPORALIDADE SEXUAL PARA PESSOAS COM TCE

6

ESQUEMA DA SESSÃO 6

Conteúdo	Materiais:	Duração sugerida (2h30min)
1. Cumprimentos e objetivos da sessão	Slide 1	5 minutos
2. Revisão da tarefa para casa	Tarefa para casa 5	10 Minutos
3. Respiração	Mobiliário adequado	12 Minutos
4. Relaxamento	Mobiliário adequado	10 Minutos
5. Voltando aos nossos sentidos	Mobiliário adequado Material adicional: Plumas, música, velas, pós comestíveis, chocolate	25 Minutos
6. Intervalo		30 minutos
7. Fantasia	Slide 2 Folha de trabalho 1	15 minutos
8. Autossensibilização	Mobiliário adequado	20 Minutos
9. Caixa de dúvidas.	A Caixa de dúvidas Anexo A	10 Minutos
10. Tarefa para casa e distribuição dos resumos	Tarefa para casa 6 Resumo	5 minutos

1. CUMPRIMENTOS E OBJETIVOS DA SESSÃO (5 MINUTOS)

Cumprimentar e explicar os objetivos que devem ser alcançados nesta sessão.

Slide 1

Como já vimos nas sessões anteriores, o prazer está em todo o corpo e o órgão mais importante para a sexualidade é o cérebro. Bom, depois de sofrer um TCE, nosso cérebro pode mudar e também a forma de sentir prazer pode mudar.

O objetivo desta sessão é redescobrir nosso corpo e a forma de sentir através dele. A maioria das pessoas, com o ritmo de vida que se veem obrigados a ter nos dias atuais, para de ter consciência de seu próprio corpo. Mas, agora, vamos levar o tempo necessário para fazer isso. Se antes do TCE alguns de vocês que já tinham parado para tomar consciência do seu próprio corpo, vão poder perceber se houve mudanças ou não. No entanto, se vocês nunca tiveram esse momento para autoexplorar seu corpo, irão fazer isso agora.

2. REVISÃO DA TAREFA PARA CASA (10 MINUTOS)

Tarefa para Casa 5

Vamos começar revisando a tarefa da sessão anterior e, a partir daí, continuaremos com os objetivos de hoje. Contem-me como foi realizar essa tarefa, se surgiram alguma dúvida ou algum problema. O mais importante não era ser o mais bem sucedido possível, mas, acima de tudo, o mais importante era tentar, porque o segredo para trabalhar as habilidades de conquista é praticar.

[Deixar um tempo para o debate.]

É provável que tenham ficado nervosos ao tentar. Isso é normal. Nessas ocasiões, é importante prestarmos atenção em como está nossa respiração para aprendermos a identificar nossas emoções, pensamentos etc. Por exemplo, às vezes nossa respiração fica curta quando estamos nervosos e, às vezes, até a prendemos. Observá-la também pode nos ajudar a focar no presente e no que queremos fazer, ao invés de pensamentos que não nos deixam avançar como "você vai falhar", "eles vão rir de você", "quem gostaria de estar com uma pessoa como você", etc. Você estava ciente de suas emoções, pensamentos, etc., enquanto tentava isso?

Deixar um tempo para comentários.

3. RESPIRAÇÃO (12 MINUTOS)

Será realizado um exercício de respiração.

A partir de agora, serão necessários mobiliários cômodos para realizar as tarefas. Deixar 5 minutos para que os participantes se sentem ou se encostem de forma confortável. É necessário que se posicionem de uma forma que não atrapalhem uns aos outros e que seja mais fácil para se concentrarem no relaxamento. Falar com a voz pausada e relaxada (pode ser colocada uma música tranquila ao fundo):

Vamos ficar em uma posição confortável antes de começar os exercícios de respiração. A respiração é uma ação muito automática; a menos que tenhamos alguma dificuldade, nem reparamos nela. Além disso, está intimamente relacionada às emoções e à sensualidade, daí a importância dos próximos exercícios.

Passo 1: Observação da própria respiração

O/a terapeuta deve prestar atenção nos participantes caso necessitem de ajuda em algum momento para encontrar uma postura cômoda e caso haja outras dificuldades. O objetivo desta atividade é ver que tipo de respiração têm, ou seja, se é abdominal ou torácica.

Encontre uma postura cômoda para o fazer o exercício. Concentre-se em sua respiração. Se for possível, coloquem uma mão sobre o tórax e a outra sobre o abdome. Prestem atenção em qual mão se levanta. Pode fechar os olhos se isso ajudar na concentração. Observem qual mão é a que se move. Até onde chega o ar que você está respirando? [30 segundos depois...] *Você está sentindo o ar? Como ele entra em seu corpo? Como suas mãos sobem? Continue respirando aos poucos, sem forçar a respiração.*

[Tempo estimado: 1:30 minutos]

Passo 2: Controle da respiração.

Continue respirando suavemente, de forma superficial. Sinta como o ar entra nos pulmões e os ocupa aos poucos. Agora, inspirem o ar pelo nariz e expirem pela boca. Em cada respiração, tomem um pouco mais de ar. Sintam como se os pulmões estivessem se enchendo cada vez mais, até estarem repletos de ar. Façam esse exercício cinco vezes.

[Tempo estimado: 1:40 minutos]

Passo 3: Respiração parcial (abdominal e toráxica)

Vamos continuar na mesma posição. Nesta respiração, tentem encher apenas o tórax, ou seja, a parte superior dos pulmões. Sintam como o ar entra pelo nariz, desliza até o tórax e a mão que está sobre ele se elevando. Repitam três vezes. Depois, façam o mesmo exercício, mas levando a respiração em direção ao abdome. Sintam o ar percorrendo o corpo. Repitam a respiração abdominal mais algumas vezes.

[Tempo estimado: 2 minutos]

Passo 4: Respiração completa

Agora, inspirem o ar pelo nariz e expirem pela boca. Façam seu caminho do nariz, peito, barriga e vejam como ele se espalha por todo o corpo. Depois de encher todo o seu corpo, deixem-no escapar pela boca. Façam este exercício novamente, peguem o ar pelo nariz, sintam como ele percorre seu corpo e solte-o novamente.

[Tempo estimado: 2 minutos]

4. RELAXAMENTO (10 MINUTOS)

Será realizado um exercício de relaxamento.

Já sabemos respirar corretamente, mas, para continuar desfrutando do nosso corpo, temos que aprender a relaxar. Nesta sessão não teremos muito tempo, então vamos tentar fazer isso de forma rápida, enfatizando principalmente a maneira de saber se estamos relaxados ou tensos.

Falar com a voz pausada e relaxada (pode ser colocada uma música tranquila ao fundo):

Agora que vocês aprenderam a respirar de forma completa e profunda, continuem respirando dessa maneira durante este exercício, fazendo com que o ar chegue a todas as partes do seu corpo. Começamos respirando profundamente, inspire pelo nariz, o suficiente para encher todo seu corpo e, depois, deixe o ar escapar pela boca. Tensione o rosto com força enquanto inspira, segure a tensão. Agora, relaxe o rosto enquanto o ar sai pela boca. Sintam a diferenças dos músculos quando estão tensionados e depois relaxados; concentrem-se na sensação de relaxamento. Façam o movimento mais duas vezes. Continuem fazendo o mesmo exercício, mas agora com as mãos. Apertem os punhos com força, inspirem o ar e mantenham os punhos fechados e tensionados. Agora, soltem. Relaxem os punhos ao soltar o ar sai pela boca. Concentrem-se na sensação de relaxamento. Neste momento, foque sua atenção nos braços. Tensione os braços com força, inspirem e mantenham os braços tensionados. Agora, relaxem e se concentrem na sensação de relaxamento. Vamos repetir. Tensionem os braços enquanto inspiram... e relaxem os braços enquanto vão soltando o ar. Concentrem-se na região do abdome. Tensione essa região enquanto inspiram. Segure essa tensão. Agora, relaxe enquanto respira. Sinta a sensação de relaxamento. Repitam o exercício, tensionem, inspirem... e sintam como a região relaxa enquanto o ar sai. Agora, direcione sua tensão para as pernas. Tensionem as pernas enquanto inspiram. Segurem a tensão. Agora, relaxem enquanto soltam o ar. Tensionem as pernas novamente, inspirando... expirando e deixando que a tensão saia junto com o ar. Concentrem-se na sensação de relaxamento. Agora, voltem a atenção para os pés. Tensione os pés enquanto inspira e mantenha a tensão. Agora, ao expirar, relaxe seus pés. Sintam a sensação de relaxamento. Novamente, inspirem pela boca e tensionem os pés... e expirem e sintam como os pés relaxam. Para finalizar, tensionem todo o corpo enquanto inspiram profundamente. Mantenham a tensão. Agora, deixem o corpo relaxar enquanto estão expirando. Sintam a sensação de relaxamento em todo corpo. Vamos repetir o exercício, inspirem e tensionem o corpo inteiro... expirem e relaxem o corpo enquanto o ar sai.

É fundamental nesta atividade que os participantes consigam relaxar, mas, acima de tudo, que sintam a diferença quando o corpo está tenso e relaxado.

5. VOLTANDO AOS NOSSOS SENTIDOS (25 MINUTOS)

Serão feitos alguns exercícios para estimular os sentidos.

Mobiliário adequado: colchonetes, cadeiras etc.

Material adicional: penas, músicas, pó comestível, etc.

O/a terapeuta não deve interromper o relaxamento de forma repentina. É necessário que os participantes continuem relaxados, enquanto o terapeuta pede sua atenção.

Tentem manter este estado de relaxamento, enquanto eu falo sobre os sentidos, que também são parte do corpo. Através deles recebemos muitos estímulos e podemos sentir prazer. O exercício que faremos a seguir nos ajudará a aproveitar os cinco sentidos para conseguir ter mais prazer.

Visão

Antes de começar, o terapeuta deve certificar-se de que as velas foram acesas e que os pós comestíveis, chocolates, balas, penas etc. foram colocados perto dos participantes.

Falar com a voz pausada e relaxada (não usar música de fundo):

Fiquem 5 minutos olhando ao redor. Observem todos os objetos, as velas, as plumas, os móveis etc. Não se concentrem no global, observem os detalhes: como os fios das plumas se movem com o vento, veja as partes que compõem os móveis, observe os objetos como se fossem uma obra de arte e, por fim, preste atenção em você mesmo. Olhem para suas mãos, suas pernas, aprecie sua beleza. Não toquem em nada nem sintam o cheiro de nada, apenas apreciem o sentido da visão.

Olfato

Agora vamos nos centrar no olfato. Cheirem tudo o que estiver ao redor. Tentem descobrir os diferentes aromas do ambiente e também os do seu corpo. Cheirem a si mesmos e apreciem o aroma do seu cabelo, da sua roupa etc.

Audição

Continuando com o mesmo exercício, agora, vamos nos esquecer da visão e do olfato e nos concentrarmos em ouvir. Não ouçam apenas os ruídos que estão ao seu redor, ouçam também os sons do seu corpo. Vocês podem fazer sons com várias partes do seu corpo, esfregando, batendo nelas...

Paladar

Agora é a vez do paladar. Peguem objetos que estejam por perto e que possam ser explorados com a língua (os pós comestíveis, frutas, balas, chocolates...). Explorem os diferentes sabores, percebendo as texturas diferentes. Experimentem de maneiras diferentes: peguem com as mãos ou comam diretamente do recipiente, coloquem na sua pele e saboreiem a partir de seu próprio corpo etc. Vocês também podem sentir sua própria pele, seu corpo.

Tato

Por último, esqueçam-se dos outros sentidos e se concentrem no tato. Acariciem todas as texturas que estão ao seu redor, encontrem as que mais gostam. Não utilizem apenas as mãos, mas os pés também.

Combinação dos sentidos

Depois de termos explorado separadamente cada sentido, reúnam as sensações de prazer que cada uma delas proporciona. Por exemplo, observem a chama da vela junto com seu aroma ou o sabor dos pós com o prazer do tato enquanto chupam os dedos. Aos poucos, juntem todos os sentidos até combinar o prazer que os cinco sentidos proporcionam.

Exercícios modificados de Sanz Ramón & Sau (2000).

6. INTERVALO (30 MINUTOS)

Intervalo.

7. FANTASIAS (15 MINUTOS)

Serão feitos alguns exercícios para estimular as fantasias.

Para potencializar o que experimentamos através dos sentidos, também podemos utilizar as fantasias. Para isso, temos apenas que fechar os olhos (ou mantê-los abertos, se preferirem) e imaginarmos os sabores, os cenários, os sons, os cheiros que acabamos de experimentar. Assim, é possível desenvolver aos poucos a imaginação, tendo como base o que experimentamos e acrescentando outros elementos imaginários novos àquilo que foi vivido na realidade.

Folha de trabalho 1, slide 2

No próximo exercício, vamos desenvolver um pouco mais as fantasias. As fantasias são formadas por diferentes elementos, e pensar sobre eles pode ajudar a moldar as fantasias. Para fazer isso, vamos fornecer uma tabela onde, anonimamente, você pode anotar os cenários favoritos nos quais poderia realizá-las, a(s) pessoa(s) que você deseja que participem, alguns elementos românticos que você deseje adicionar etc. Vocês devem escolher uma das características a partir de uma lista. [Ver slide 2]

Exercício modificado de Burgos (2009).

Um exemplo concreto de como fazer uma fantasia a partir dos elementos escolhidos será fornecido (veja o exemplo na Folha de trabalho 1).

Muito bem, agora que já pensaram nos elementos que vão compor sua fantasia, eu os encorajo a fecharem os olhos e desenvolverem mentalmente suas fantasias, tentando sentir em detalhes o que se desenvolve na fantasia: o que você vê, ouve, toca ou sente, cheira etc..

8. AUTOSSENSIBILIZAÇÃO (20 MINUTOS)

Será realizado um exercício de autossensibilização.

Vocês vão começar a explorar o seu próprio corpo. Para tal, devem utilizar principalmente o tato, mas sem esquecer dos outros sentidos. Devem estar relaxados, assim como aprendemos anteriormente. Quem tiver a mobilidade reduzida pode utilizar as plumas ou os outros objetos disponíveis.

Falar com a voz pausada e relaxada (pode ser colocada uma música tranquila ao fundo):

Comecem acariciando a cabeça, o cabelo, sentindo sua textura. Neste momento, sintam como a energia chega as suas mãos e, ao acariciar, percorre seus cabelos, sua testa, suas bochechas, seu nariz, seus lábios... não deixem nenhuma parte de sua cabeça inexplorada.

Vão baixando aos poucos. Continuem nos ombros, no decote, deslize para os braços, enquanto sua respiração é profunda e completa. Siga para o abdome e o umbigo. Sinta como seu corpo infla quando inspira o ar e como ele desinfla quando você o libera. Acaricie suavemente, quase sem tocar as pontas dos dedos no corpo. Se for mais agradável, pode pressioná-los um pouco mais. Dessa forma, desçam mais as mãos até tocar os pés. Vocês podem se levantar para alcançá-los ou mudar para uma posição mais confortável.

Quando terminarem, podem se sentar. Vocês devem ter percebido quais são as partes do corpo que dão mais prazer. Reflitam se em algumas áreas vocês sentem mais ou menos prazer depois do TCE e como vocês pode aproveitar cada uma delas. Com esse exercício, vocês podem conhecer mais o próprio corpo e ver todas as sensações maravilhosas que podem sentir através dele.

9. CAIXA DE DÚVIDAS (10 MINUTOS)

Caixa de dúvidas, Anexo A

Finalizamos esta sessão. Por favor, coloquem suas dúvidas para que possamos resolvê-las antes de nos despedirmos.

O/a terapeuta recolhe as dúvidas que estiverem na caixa. Se houver apenas uma ou duas, selecionar mais outras duas no Anexo A e uni-las às outras. Lê-las aleatoriamente e solucionar as dúvidas. Dependendo do tempo, o/a terapeuta pode fazer um debate para resolvê-las ou apenas dar a explicação. As dúvidas que estão no Anexo A já foram respondidas e serão utilizadas apenas se isso for necessário.

Caso seja apresentada uma dúvida muito pessoal, solucionar primeiro as demais e acrescentar em seguida:

Solucionamos todas as dúvidas da caixa, menos uma, que precisa ser solucionada em privado. Por favor, a pessoa que colocou uma dúvida que ficou sem resposta, entre em contato comigo para resolvê-la de forma particular.

10. TAREFA PARA CASA (5 MINUTOS)

Atribuir a Tarefa para casa 6.

Tarefa para Casa 6, Resumo

Distribuir o resumo da sessão enquanto são dadas as instruções da tarefa para casa. Recomenda-se que o/a terapeuta grave as sessões de respiração, relaxamento, voltando aos nossos sentidos e autossensibilização para compartilhar as gravações entre os participantes para que eles possam, posteriormente, praticar os exercícios em casa.

Como estamos em grupo e não temos muita intimidade, vocês devem repetir todos os exercícios em casa, mas sem roupas. Podem explorar o corpo inteiro: seios, genitais, ânus, glúteos... e, se for possível, preparar um cômodo com os estímulos que trazem mais prazer a vocês. Por exemplo, estar em um quarto com música específica ou em uma banheira de água quente com champanhe e rosas. Quem tem um parceiro/a pode incluí-lo/a nesta atividade, explicando antecipadamente em que consiste e assim descobrir as sensações juntos, desde que a pessoa aceite participar. Da mesma forma, enquanto vocês fazem os exercícios, podem desenvolver a fantasia para a qual selecionaram vários elementos na Folha de trabalho 1 ou até mesmo adicionar outros elementos às fantasias que surgem no momento.

Antes de irmos embora, vou distribuir o resumo do que foi aprendido nesta sessão. Nos vemos na próxima sessão.

Final da sessão 6

SESSÃO 7
RELAÇÕES ERÓTICAS PARA PESSOAS COM TCE

7

ESQUEMA DA SESSÃO 7

Conteúdo	Materiais:	Duração sugerida (2h30min)
1. Cumprimentos e objetivos da sessão	Slide 1	5 minutos
2. Revisão da tarefa para casa		5 minutos
3. Resposta sexual humana	Slides 2-6	20 Minutos
4. Tipos de interações sexuais	Slides 7-26 Reproduções ou desenhos dos genitais.	25 Minutos
5. Possíveis dificuldades	Slides 27-34	25 Minutos
6. Intervalo		15 minutos
7. Soluções	Slides 35-78 Boneco/a inflável Dildos, lubrificantes	35 minutos
8. Caixa de dúvidas	Caixa de dúvidas Anexo A	10 Minutos
9. Tarefa para casa	Tarefa para casa 7 Resumo	10 Minutos

1. CUMPRIMENTOS E OBJETIVOS DA SESSÃO (5 MINUTOS)

Cumprimentar e explicar os objetivos que devem ser alcançados nesta sessão.

Slide 1

Bom dia a todos. Na sessão anterior, vimos como aproveitar todo o nosso corpo buscando sensações prazerosas de diferentes formas: pelo tato, olfato, visão etc. Nesta sessão, vamos focar nos genitais. Veremos como é a resposta sexual humana, que tipos de interações podemos ter, quais são as dificuldades que podem surgir após um TCE e, por fim, o que podemos fazer para superar essas dificuldades.

Os objetivos estão indicados no Slide 1, que será projetado.

2. REVISÃO DA TAREFA PARA CASA (5 MINUTOS)

Revisar a Tarefa para Casa 6

A revisão só serve se a atividade foi realizada e, acima de tudo, se apreciaram os momentos dessa atividade.

Quem fez a atividade da tarefa de casa da semana anterior? Relembro que a tarefa era realizar os mesmos exercícios que fizemos na sessão anterior, mas num espaço mais intimista, sem os limites que tínhamos aqui: estar de roupa, com objetos que não são nossos etc.

Quando os participantes levantarem as mãos, perguntar para no máximo duas pessoas, uma de cada vez:

Você gostou? [Esperar a resposta.] *Sentiu prazer?* [Esperar a resposta.] *Percebeu novas sensações?* [Esperar a resposta.] [Se as respostas forem positivas, reforçá-las, dizendo:] *É muito bom descobrir sensações novas que provocam prazer.* [Se a resposta for negativa, comentar:] *O bom é desfrutar, quer sejam sensações novas ou que já conhecêssemos.* [Depois de fazer as mesmas perguntas para as duas pessoas escolhidas, perguntar ao grupo:] *Em geral, estão todos bem?* [Se as respostas forem positivas, complementar dizendo:] *Fico muito feliz, era isso que gostaríamos que acontecesse.* [Se as respostas forem negativas, comentar:] *Quando terminarmos a sessão, no momento da Caixa de dúvidas, veremos o que aconteceu e como podemos solucionar a questão para que a experiência seja positiva.*

3. RESPOSTA SEXUAL HUMANA (20 MINUTOS)

Explicar a resposta sexual humana.

Mesmo que todos nós já tenham tido algum tipo de interação sexual, é frequente que não tenham parado para pensar nas mudanças que o corpo sofre quando se mantém uma relação sexual. Chamamos o conjunto dessas mudanças de "Resposta sexual humana"

Slide 2

Em seguida, vamos explicar as respostas sexuais de homens e mulheres. Nestes slides, vocês podem ver a resposta sexual masculina. Começaremos com ela, pois é mais simples que a da mulher e, provavelmente possa ser melhor entendida. A resposta sexual humana tem cinco fases: desejo, excitação, platô, orgasmo e resolução.

O terapeuta deve apontar as fases no gráfico enquanto fala sobre elas:

Desejo: é a fase prévia de qualquer tipo de relação. Não damos a ele a importância que deveríamos, já que, sem ele, poderíamos ter uma resposta sexual que não seria totalmente satisfatória. O desejo tem uma base psíquica, ou seja, está na mente. Os pensamentos são induzidos, em sua maior parte, pelas percepções sensoriais que estimulam áreas do cérebro relacionadas às fantasias e à imaginação. Por esta razão, muitas vezes, depois de sofrer um

TCE, nossas relações sexuais podem ser afetadas nesta parte de nossa resposta sexual.

Excitação: é a fase em que ocorrem as mudanças corporais mais evidentes. No caso dos homens, durante esta fase o pênis aumenta e endurece, ficando ereto. Também pode-se observar a secreção do fluido pré-seminal, que apresenta uma dupla função: lubrificação e limpeza do trato urinário, mesmo que a quantidade possa variar em cada pessoa. Em muitas ocasiões, isso pode ser afetado após um TCE pela medicação ou outros problemas, como ansiedade.

Platô: o platô começa quando a excitação atinge seu ponto máximo. Os homens podem sentir uma pressão na pélvis devido ao estreitamento dos vasos sanguíneos. O ritmo cardíaco e a respiração também aceleram. A duração dessa fase pode variar muito.

Orgasmo: o orgasmo vem depois de uma boa resposta das outras três fases. Nesse momento, começa a ocorrer uma grande tensão muscular e contrações involuntárias do membro viril e do esfíncter anal. Normalmente a ejaculação ocorre nesse momento. Devemos ressaltar que acontece uma resposta comportamental e emocional muito variada e específica de cada indivíduo como manifestação de prazer: suspiros, gritos, lágrimas ou risos, embora essa fase também possa ocorrer sem qualquer manifestação.

Resolução: nesse momento, todas as mudanças são revertidas e os órgãos genitais retornam à sua forma de repouso. No homem, experimenta-se um período refratário durante o qual ele é incapaz de se excitar, ou pelo menos não com a mesma intensidade. Esse período pode ter uma duração variada, dependendo da idade, estresse, desejo...

Alguma dúvida?

O/a terapeuta deve sempre responder as dúvidas que surgirem durante sua explicação e quando elas não estiverem relacionadas à problemas sexuais, pois essas questões serão respondidas depois. Nesses casos, deve-se dizer: Vamos ver isso num próximo ponto da sessão, por favor, se eu não resolver nesse *momento, me lembrem depois.*

Slides 3-6

Agora vamos ver a resposta sexual das mulheres. Agora fica um pouco complicado, porque as mulheres têm três tipos de resposta sexual. Começamos com a mais parecida com a dos homens [o/a terapeuta aponta para o slide 3]. *Como podem ver, estão presentes as mesmas 5 fases que vemos nas respostar dos homens: desejo, excitação, platô, orgasmo e resolução, mas, obviamente, as mudanças que ocorrem são diferentes, então vamos revisá-los novamente.*

Desejo: como no homem, nesta fase não há mudanças físicas no corpo e é mais mental, embora influencie muito a excitação física. É essencial começar com uma boa resposta sexual humana.

Excitação: é o próximo passo que pode ser desencadeado por uma grande variedade de estímulos; enquanto nos homens pode ser principalmente visual (embora não exclusivamente), nas mulheres, os estímulos podem ser muito mais amplos (auditivos, táteis etc.). As mudanças físicas que ocorrem na mulher são, sobretudo, a lubrificação e a dilatação da vulva, principalmente a ereção do clitóris.

Platô: as mudanças da fase anterior são mantidas e intensificadas. Os seios aumentam de tamanho e a aréola dilata. Começa o rubor sexual, que consiste em pequenas manchas avermelhadas em algumas partes do corpo.

Orgasmo: como nos homens, é o estágio mais curto, dura apenas alguns segundos. A mulher experimenta uma série de contrações musculares involuntárias na vagina, útero e/ou reto, que são muito agradáveis. O número e a duração dessas contrações depende de cada mulher. A velocidade da respiração, pulsação e pressão arterial atingem sua aceleração máxima. A tensão muscular também atinge seu ponto mais alto, geralmente acompanhada de reflexos musculares nas mãos e nos pés.

Resolução: caracterizada pelo retorno ao estado de repouso. Esta fase pode durar de 5 a 60 minutos aproximadamente. Neste momento o útero e o clitóris voltam às suas posições normais, os músculos relaxam e a vermelhidão da pele e o inchaço de certas partes desaparecem.

É aqui, na fase de resolução, que há uma diferença entre homens e mulheres.

A resposta sexual explicada acima é semelhante à dos homens, mas as mulheres têm mais duas. Este é o segundo tipo de resposta sexual em mulheres [apontar o slide 4, enfatizando a parte do orgasmo]. *A diferença é claramente vista quando observamos que a fase de resolução não ocorre imediatamente após o primeiro orgasmo, mas permanece no nível de platô, o que permite que a mulher continue tendo vários orgasmos.*

A terceira resposta sexual da mulher é a resposta "sem orgasmos" [aponta para o slide 5, enfatizando as protuberâncias na fase de platô]. *Nesta fase, a mulher não tem as contrações musculares da vagina, útero e/ou reto, que é o que produz seu orgasmo. A mulher pode desfrutar da relação sexual sem orgasmo.*

Mas há também outra forma de expressão da resposta sexual que não é tão linear, mas mais cíclica (Slide 6), na qual o desejo pode surgir após a excitação e não antes. Por exemplo, já aconteceu de que você e seu/sua parceiro/a começarem a se acariciar e, embora no início você realmente não quisesse ter um relacionamento sexual, você fica cada vez mais excitado/a? Nessas situações, a excitação pode ocorrer mais cedo e o desejo, mais tarde. É importante ter isso em mente ao ter relações sexuais, porque nem sempre é preciso esperar para ter um grande desejo espontâneo, às vezes as relações podem surgir como resultado de uma excitação anterior se algum tempo for dedicado a isso.

4. TIPOS DE INTERAÇÕES SEXUAIS (25 MINUTOS)

Explicar os diferentes tipos de interações sexuais.

Com esta parte, o que se pretende é que os participantes conheçam os tipos mais comuns de relações eróticas que podem realizar (masturbação, oral, anal e coito) para que não se concentrem apenas na relação sexual, o que acaba sendo o mais normal em nossa sociedade. Além de conhecer essas relações, apresentar pautas para que elas sejam colocadas em prática.

Algo muito importante ao abordar este ponto, e em geral esta sessão, é lembrar que não existem apenas casais heterossexuais. Em função disso, é preciso ter cuidado na hora de se expressar e incluir as relações homossexuais, ou outros tipos de relacionamentos. Por exemplo, ao falar de sexo oral, não se deve dizer "quando um homem pratica em uma mulher", mas "quando UMA PESSOA pratica em outra PESSOA".

Como mencionamos nos objetivos, agora vamos nos concentrar nos genitais e que tipos de relações podemos ter. Quais vocês acham que podem ser essas relações? [Anotar no quadro o que for sendo dito.] Se faltar alguma, dizer: *Também podemos ter* [dizer a que falta enquanto se escreve no quadro]. Se os participantes não responderem, ou algo diferente do que foi perguntado, comentar: *Então eu começo mencionando uma forma de relação... por exemplo, o sexo oral.*

Slides 7-26, Reproduções ou desenhos dos genitais

Depois de escrever todas na lousa, mostrar o slide 7 e comentar nesta ordem:

1. Masturbação
2. Sexo oral
3. Coito
4. Sexo anal

Nos slides aparecerão cada uma delas: seu nome, uma ou mais imagens, explicação do que é e o modelo para realizá-las corretamente. No caso da masturbação e do sexo oral, haverá uma explicação dupla, uma para o homem e outra para a mulher. O/a terapeuta deve ler na ordem os slides onde estará a explicação para cada tipo de relação sexual. Com a ajuda de reproduções dos genitais, deve-se explicar aos participantes os próximos passos. Se surgir alguma dúvida, ela deve ser resolvida imediatamente.

Vamos começar explicando a masturbação. Quem pode dizer o que é? [Deixar um tempo para que algum participante responda. Se algum participante responder corretamente, reforçar a resposta, dizendo:] *Muito bem, exatamente. A masturbação é a estimulação dos genitais que é feita com as mãos ou com outros objetos, como brinquedos sexuais. Vocês podem praticá-la tanto sozinhos/as quando com seus/suas parceiros/as.*

O/a terapeuta deve mostrar o próximo slide, no qual se encontram os modelos. Deve lê-los em voz alta enquanto se apoia na reprodução da genitália feminina para explicar. O/a terapeuta deve responder quaisquer perguntas que possam surgir e continuar a fazer o mesmo com a masturbação masculina. Este mesmo procedimento será realizado com a relação sexual, sexo anal e sexo oral.

5. POSSÍVEIS DIFICULDADES (25 MINUTOS)

Pensar sobre as possíveis dificuldades que
as relações eróticas possas apresentar.

A sessão continua com as dificuldades que podem surgir para os participantes em suas relações sexuais após o TCE. Pode acontecer que, em várias ocasiões, os participantes sejam impulsivos e comecem a pedir soluções para os problemas que se apresentam ou para os seus próprios problemas. Pedir paciência, pois haverá uma ordem para resolver todos os problemas. Se, por algum motivo algum/a participante não tenha entendido como resolver seu problema até o fim da sessão, ajudá-lo no momento da Caixa de dúvidas.

Começar esta parte da sessão dizendo:

Atualmente, infelizmente, não podemos dizer que há muita pesquisa sobre sexualidade após um TCE, mas temos algumas que fornecem dados interessantes. Vamos comentar algumas delas. Se alguém se sentir identificado e quiser acrescentar algo, pode pedir a palavra. Não perguntaremos nada, pois é algo íntimo, de cada um e todos têm o direito de dizer ou não o que quiser, mas saibam que têm a oportunidade de fazê-lo.

Se algum participante comentar algo, o/a terapeuta deve agradecer e continuar a sessão.

Slides 27-34

Como podemos ver neste slide [28], *os distúrbios sexuais mais comuns após TCE são problemas de ereção, redução do desejo sexual, anorgasmia e ejaculação precoce. Entre eles, o mais frequente é o problema de ereção. Ou seja, após sofrer um TCE, 60% dos homens têm problemas para ter uma ereção ou mantê-la durante a relação sexual. O segundo problema mais comum é a redução do desejo sexual. 50% dos homens e mulheres, após um TCE, experimentam uma diminuição significativa no desejo sexual. O terceiro é a incapacidade de atingir um orgasmo. Isso acontece com 40% de homens e mulheres. Por fim, há a ejaculação precoce, que consiste em ejacular com estimulação sexual mínima, causando um desconforto na pessoa. Este problema, como o primeiro, é exclusivo dos homens. Os dados que acabamos de apresentar são dados estatísticos e, portanto, não implica que toda pessoa que sofra um TCE também sofra de algum desses problemas.*

O/a terapeuta passará pelos 29-33 slides enquanto comenta:

O gráfico anterior mostrava, grosso modo, os problemas sexuais, mas, para entendê-lo e, mais importante, poder abranger possíveis soluções, devemos explicá-lo um por um. Como vemos neste slide, nas pessoas que sofreram TCE há uma proporção maior de alguns problemas do que no grupo formado por pessoas que não sofreram um TCE, são eles:

- Energia sexual
- Desejo sexual
- Iniciação sexual
- Excitação sexual
- Dor
- Capacidade de se masturbar
- Capacidade de alcançar um orgasmo

A incapacidade de manter ou conseguir uma ereção é exclusiva dos homens e a dificuldade de lubrificação vaginal e o sangramento vaginal, das mulheres.

O/a terapeuta deve continuar com o slide 34, na qual são mostrados os aspectos emocionais.

Também podem acontecer mudanças nos aspectos emocionais. Aqui vemos como a autoconfiança e a atração sexual diminuem e como a depressão aumenta. Esses três fatores prejudicam gravemente a qualidade da vida sexual.

O terapeuta deve anunciar o intervalo, mas primeiro comentará que, após o intervalo (dentro de 25 minutos), serão buscadas soluções para tudo o que foi discutido.

6. INTERVALO (15 MINUTOS)

Intervalo.

Bom, depois de tanta informação, vamos fazer um intervalo. Quando voltarmos, veremos como solucionar cada uma das dificuldades sobre as quais falamos.

7. SOLUÇÕES (35 MINUTOS)

Serão apresentadas possíveis soluções para os problemas levantados.

Slides 35- 43, Boneco/a inflável, dildos, lubrificantes

Já que descansamos um pouco, continuaremos com as soluções que podemos dar às dificuldades que comentamos anteriormente. Antes de começar, devemos saber que sempre temos que discutir essas dificuldades com nossos médicos e pedir ajuda, pois elas podem estar acontecendo devido à medicação que tomamos. Neste caso, a medicação poderia ser substituída por outra ou adicionados outros remédios que combatam os efeitos colaterais. Talvez você tenha se identificado com mais de uma dificuldade, mas, como veremos, muitas estão relacionadas entre si.

O/a terapeuta começa lendo os slides e explicando as possíveis soluções. Fazer isso na ordem em que os slides estiverem e, se em algum momento os participantes tiverem dúvidas, elas devem ser resolvidas imediatamente. O primeiro slide é o 36.

Primeiro é a dor. Pode-se sentir dor por várias razões. Uma causa podem ser problemas de excitação, que, por sua vez, fazem com que a lubrificação ou a dilatação não sejam adequadas. Quando a vagina é penetrada, precisa de lubrificação e dilatação. Para problemas de lubrificação, como mencionamos anteriormente, podem ser usados lubrificantes artificiais que podem ser encontrados em qualquer farmácia ou loja de produtos eróticos, ou também pode-se usar saliva. Quando falamos sobre masturbação e relação sexual, aprendemos também que o importante é dar um tempo para que a vagina se dilate. Isso pode ser feito com os dedos [Se necessário, voltar aos slides anteriores], *introduzindo-os pouco a pouco antes do pênis ou dos dilatadores. Quando queremos ter relações anais, podemos nos encontrar com as mesmas dificuldades. Portanto, o processo a se seguir para resolvê-lo é o mesmo. Por outro lado, é muito importante gerar excitação, tanto subjetiva (mental) quanto física, para que a lubrificação possa ocorrer naturalmente. Isso pode ser alcançado recorrendo às várias práticas sexuais já discutidas acima (carícias, masturbação, sexo oral, uso de fantasias sexuais etc.), evitando ir diretamente para a relação sexual. Se a dor persistir, é preciso procurar um/a médico/a psicólogo/a ou sexólogo/a.*

[Mostar os slides 37 e 38.]

A autoconfiança, a atração sexual e a depressão são tratadas com terapia psicológica. Dependendo da cidade onde você mora, pode ou não haver terapias em grupo, mas sempre podemos ir a um/a psicólogo/a para fazer terapia individual, existe até a possibilidade de terapia on-line se não houver na sua cidade. O baixo desejo sexual pode ser devido à medicação prescrita após um TCE. Se esse for o caso, devemos ir ao nosso/a médico/a. Por outro lado, o baixo desejo também pode ser devido à baixa confiança, depressão etc. Para esse caso, é melhor ir a um, psicólogo/a ou sexólogo/a.

[Colocar o slide 39.]

O mesmo acontece com as dificuldades em conseguir e manter uma ereção ou com a ejaculação precoce. Você deve ir ao médico/a, ao psicólogo/a ou ao sexólogo/a. Embora, para começar a trabalhar nisso, possamos usar a fantasia e a autossensibilização para manter a ereção. [Vá para o slide 40.] *Por outro lado, com ejaculação precoce, não é o mais indicado. Com a autossensibilização, conhecemos melhor o nosso corpo e os homens podem descobrir o que os faz ejacular e as sensações que sentem antes de isso acontecer. Se você descobrir, pode parar antes de ejacular e assim, pouco a pouco, aprender a controlar.*

Para tornar esta sessão mais dinâmica, a partir do próximo slide é solicitada a colaboração dos participantes.

Bem, já vimos algumas soluções, mas agora é a vez da diminuição da sensibilidade. O que vocês pensam sobre isso? Existem exercícios para isso? [Mostrar slide 41.] Espera-se que alguns participantes se lembrem da sessão anterior e digam que aprenderam a aumentar sua sensibilidade. Se sim, eles são reforçados positivamente; se não, eles são lembrados dos exercícios e como isso pode ser sentido por meio de todos os sentidos.

Muito bem, agora precisamos fazer algo de memória. Outra dificuldade acontece no momento da masturbação. Antes do intervalo, vamos falar sobre isso. Alguém se lembra o que dissemos sobre a masturbação feminina? [Slide 42. O/a terapeuta espera alguém responder. Se não houver contribuições, o/a terapeuta deve falar sobre masturbação utilizando os slides anteriores. Os dildos e masturbadores são devolvidos aos participantes para tocá-los e ver como funcionam]. *Bem, e a masculina? Algum voluntário para lembrar o que foi dito?* [Slide 43. Fazer como foi feito com a feminina. Se houver um voluntário, a sua intervenção é reforçada e algo é corrigido ou acrescentado caso seja necessário].

Slides 44-78

Chegamos agora ao mais divertido. Vamos ver posturas e móveis que facilitam as relações eróticas. Até agora, vimos lubrificantes e brinquedos, mas agora vamos dar um passo a mais.

O terapeuta deve mostrar, slide a slide, as imagens das diferentes posturas, dando as orientações necessárias para que consigam ser feitas. Se o grupo for incentivado, e for adequado, podemos encenar as posturas com um boneco ou uma boneca inflável. O/a terapeuta vai estimular os participantes a se envolverem em um debate, a dizerem o que pensam, se teriam vontade de encenar com a ajuda dos bonecos. Com isso, pretende-se que os participantes se envolvam na atividade, além de não ficarem com dúvidas, e que saibam utilizar todos os artigos que lhes são propostos.

8. CAIXA DE DÚVIDAS (10 MINUTOS)

Caixa de dúvidas, Anexo A

Finalizamos esta sessão. Por favor, coloquem suas dúvidas para que possamos resolvê-las antes de nos despedirmos.

O/a terapeuta recolhe as dúvidas que estiverem na caixa. Se houver apenas uma ou duas, selecionar mais outras duas no Anexo A e uni-las às outras. Lê-las aleatoriamente e solucionar as dúvidas. Dependendo do tempo, o/a terapeuta pode fazer um debate para resolvê-las ou apenas dar a explicação. As dúvidas estão no Anexo A já foram respondidas e serão utilizadas apenas se isso for necessário.

Caso seja apresentada uma dúvida muito pessoal, solucionar primeiro as demais e acrescentar em seguida:

Solucionamos todas as dúvidas da caixa, menos uma, que precisa ser solucionada em privado. Por favor, a pessoa que colocou uma dúvida que ficou sem resposta, entre em contato comigo para resolvê-la de forma particular.

9. TAREFA PARA CASA (10 MINUTOS)

Atribuir a Tarefa para casa 7.

Tarefa para Casa 7, Resumo

Durante os dias que faltam até a próxima sessão, vocês terão que preencher a folha que vou entregar. A tarefa consiste em anotar as dificuldades com as quais você se sentiu identificado e colocar em prática as soluções mencionadas nesta sessão. Se houver alguma dúvida para a próxima sessão, nós as resolveremos. Antes de irmos embora, vou distribuir o resumo do que foi aprendido nesta sessão.

Final da sessão 7

SESSÃO 8
SAÚDE SEXUAL PARA PESSOAS COM TCE

8

ESQUEMA DA SESSÃO 8

Conteúdo	Materiais:	Duração sugerida (2h30min)
1. Cumprimentos		5 minutos
2. Revisão da tarefa para casa	Tarefa para casa 7	10 Minutos
3. A festa	Folha de trabalho 1 Slides 1-2	15 minutos
4. Objetivos	Slide 3	5 minutos
5. Comportamentos de risco		15 minutos
6. Intervalo		30 minutos
7. Direitos sexuais		30 minutos
8. Infecções sexualmente transmissíveis	Slides 4-31 Anexo 3 Reprodução de genitais masculino e feminino	20 Minutos
7. Caixa de dúvidas	Caixa de dúvidas Anexo A	5 minutos
8. Tarefa para casa	Resumo	5 minutos

1. CUMPRIMENTOS (5 MINUTOS)

Cumprimentar e explicar que hoje a ordem da sessão será diferente e que os objetivos serão vistos mais tarde.

Bom dia a todos. Nesta sessão, mudaremos a ordem das atividades, com a qual já estamos acostumados. Primeiro, vamos revisar a lição de casa, começar com a dinâmica e depois vamos falar sobre os objetivos.

2. REVISÃO DA TAREFA PARA CASA (10 MINUTOS)

Revisar a Tarefa para casa 7.

Tarefa para Casa 7

Na revisão não será necessário que cada um diga como resolveu e nem quais eram seus problemas, pois os participantes podem se sentir desconfortáveis ou que estão sendo forçados a dizer algo íntimo. O/a terapeuta deve começar perguntando se alguém está disposto a contar seu caso. Se algum participante se disponibilizar, reforçar positivamente. Se ninguém se disponibilizar, comentar que os participantes devem apenas dizer se os conselhos dados nas sessões anteriores foram úteis. Caso os conselhos não tenham sido úteis, os participantes também podem comentar. Eles também podem escrever sua experiência e opinião em um papel anonimamente e colocá-las na caixa de dúvidas.

Quem fez atividade da tarefa de casa da semana anterior? Queria lembrar que vocês deveriam escolher uma das dificuldades que escreveram em papel na sessão anterior e tentar colocar em prática uma solução.

Deixar um tempo para as respostas. Neste momento, podem acontecer diversas situações:

1ª situação: alguém conta qual era sua dificuldade e como, utilizando as soluções da sessão anterior, conseguiu resolvê-la.

Neste caso, o/a terapeuta deve agradecer ao participante por compartilhar sua história com o grupo e também deve dizer que está satisfeito que as atividades realizadas tenham sido úteis.

Muito obrigada por compartilhar sua experiência com todo o grupo. Fico feliz por você ter conseguido superar essa dificuldade.

2ª situação: alguém conta qual era sua dificuldade e como as soluções da sessão anterior não serviram para nada.

Muito obrigada por compartilhar sua experiência com todo o grupo. Às vezes isso pode acontecer, pois não existem soluções milagrosas e que sirvam para todo mundo. Nesses casos, pode ser necessário procurar um especialista para um tratamento mais intensivo, como um sexólogo/a.

Se isso acontecer, o/a terapeuta deve escutar atentamente o caso e tentar resolvê-lo ou encaminhar o caso. É possível recorrer a outras soluções oferecidas na sessão anterior. Por exemplo, se for um problema de ereção e o participante tiver usado apenas os medicamentos, ele deve ser lembrado de que pode se submeter a terapia psicológica ou sexológica. Além disso, deve-se deixar claro que alguns problemas exigem tempo para sua solução (por exemplo, problemas na área da sexualidade devido a distúrbios emocionais).

Muito obrigada por compartilhar sua experiência com todo o grupo. Em relação a essa dificuldade, vamos lembrar que a forma de a resolver foi...

3ª situação: O/a participante não quer comentar sua dificuldade nem como solucioná-la, mas comenta foi útil o que foi visto na sessão anterior.

Eu entendo que você não goste de comentar sobre assuntos tão íntimos, mas muito obrigado por compartilhar com o grupo que você conseguiu resolver a dificuldade que o/a impedia de desfrutar de sua sexualidade.

4ª situação: O participante não quer comentar nada, mas diz que não conseguiu resolver seu problema.

Que pena por isso. Se você quiser, podemos conversar individualmente durante o intervalo, ou depois que a sessão acabar. Se mais alguém estiver nessa situação, por favor, pode utilizar a caixa de dúvidas para comentar.

3. A FESTA (15 MINUTOS)

Será realizado um exercício para explicar o risco de contágio de doenças sexualmente transmissíveis.

Folha de trabalho 1

O/a terapeuta distribui para cada usuário a Folha de trabalho 1, na qual há três cartões de visita e um espaço com 3 linhas, e deve dizer:

Agora que revisamos a tarefa, vamos para a primeira dinâmica de hoje. Gostaria que vocês prestassem atenção ao espaço com três linhas. Em cada linha, escrevam uma qualidade que você goste em você, pode ser uma qualidade física ou de personalidade. [Deixar um tempo para que pensem.] *Quando terminarem, cortem o espaço, peguem o alfinete e pendurem o papel na sua roupa, em um lugar onde as outras pessoas possam ler.* [Se alguém não puder colocar o alfinete por causa de problemas de mobilidade ou coordenação, o terapeuta deve ajudar. Deixar um tempo para a atividade.] *Agora, nos outros três cartões de visita coloquem seu nome.*

O/a terapeuta faz o mesmo que os participantes, pendura um papel com suas qualidades e escreve seu nome nos três papeis.

Agora, vamos imaginar que estamos em uma festa e nós não nos conhecemos. Vamos andar pela sala e nos apresentar. Se gostarmos das qualidades de alguém, podemos entregar um cartão com nosso nome. Essa pessoa deve decidir se as nossas qualidades a agradam e, se sim, vocês trocam os cartões. [O terapeuta faz uma demonstração como exemplo.] *Por exemplo, vou me apresentar para* [dizer um nome], *minhas qualidades são* [dizer suas qualidades] *e as suas são* [ler as qualidades da pessoa]. *Eu gosto das suas qualidades, se você gostar das minhas, podemos trocar nossos cartões. O que você acha? Cada um/a de nós deve entregar ao menos um catão para outra pessoa e só podemos entregar cartões com os nossos nomes. Mais uma coisa que devemos fazer é numerar os cartões que vamos pegando. Por exemplo, se dou meu cartão para* [falar um nome] *e esse for o primeiro trocado, a pessoa que recebe deve escrever o número 1 no espaço reservado para número.*

Colocar a música e dar 10 minutos para que os participantes troquem os cartões.

Voltem para os seus lugares. Como foi a festa? Trocaram pelo menos dois catões? [Esperar que digam sim.] *Vamos continuar. Agora, vamos imaginar que cada troca de cartões é uma relação sexual e que eu sou soropositivo/a, ou seja, sou uma pessoa portadora do vírus HIV. As pessoas com as quais mantive relações sexuais são* [dizer os nomes].

O/a terapeuta coloca seu nome na lousa e faz um esquema com as pessoas com as quais trocou cartões. Depois, continua a atividade perguntando às pessoas com as quais trocou cartões com quem elas trocaram na sequência.

[Dizer o nome da primeira pessoa que teria tido uma relação], *depois de trocar o cartão comigo, com quem mais vocês trocou?*

O/a terapeuta vai apontando uma a uma as pessoas, da mesma forma que está representado no slide 1.

Slide 1

Se essa fosse uma situação real, agora todas essas pessoas seriam soropositivas, porque tiveram relações sexuais com pessoas que gostavam, mas não tomaram precauções.

Slide 2

Vejamos ver agora se uma pessoa tivesse se precavido [riscar o nome de uma pessoa da segunda coluna], essas pessoas e as outras com quem ela se relacionou não estariam soropositivas.

4. OBJETIVOS (5 MINUTOS)

Apresentar os objetivos da sessão.

Slide 3

Nesta parte da sessão, não vamos falar apenas dos objetivos, mas também falar sobre por que é importante estar ciente de que após um TCE as pessoas ficam mais vulneráveis ao risco de transmitir infecções sexuais, serem enganadas etc.

Como já vimos, quando alguém sofre um TCE, as sequelas são múltiplas: problemas de mobilidade, memória, atenção... Por todas essas razões, é mais provável que assuma vários riscos em sua vida pessoal. Como neste programa nós tratamos da sexualidade, vamos ver os comportamentos de risco, suas consequências e como preveni-los. Esse é o objetivo desta sessão.

5. COMPORTAMENTOS DE RISCO (15 MINUTOS)

Explicar quais são os comportamentos de risco.

O/a terapeuta deve elaborar uma lista de comportamentos de risco para qualquer pessoa, mas, principalmente, para pessoas com TCE. Certamente, a maioria dos participantes indicará a probabilidade de infecções sexualmente transmissíveis, mas outros exemplos devem ser dados para que o assunto não se restrinja apenas a elas. No final, todos os itens a seguir devem aparecer na lista:

- Ser enganado para fazer sexo devido a problemas de memória e/ou atenção.
- Sofrer abuso sexual, pois, talvez por problemas de mobilidade ou outros déficits, haveria mais possibilidades de isso acontecer.
- Transmissão de infecções sexualmente transmissíveis (ISTs).
- Gravidez indesejada.
- Por causa da impulsividade, insistir demais para ter relações sexuais com uma pessoa.
- Ser vítima de sextorsão. (A sextorsão engloba o envio de conteúdos eróticos ou pornográficos através de meios eletrônicos, como celulares. Esse material pode ser usado contra a pessoa e se tornar assédio).

Juntos, vamos traçar uma lista de situações que podem trazer riscos para nossas vidas e que são mais prováveis após sofrer um TCE.

Esperar que os participantes tragam alguns exemplos e se não o fizerem, o/a terapeuta deve trazer ideias de situações em que se corre algum risco.

6. INTERVALO (30 MINUTOS)

Intervalo.

Bom, depois de tanta informação, vamos fazer um intervalo. Quando voltarmos, falaremos sobre direitos sexuais e mostrarei uma lista de todos esses comportamentos de risco e suas possíveis soluções.

7. DIREITOS SEXUAIS (30 MINUTOS)

Nesta parte serão apresentados os direitos sexuais.

Nesta parte da sessão, o objetivo do/a terapeuta será explicar que existem direitos sexuais que permitem que se desfrute da sexualidade da maneira que cada um escolher e que estes direitos nunca podem ser eliminados. Este tema será tratado através de três situações que serão representadas em atividades de *role playing.*

Todos nós temos o direito de desfrutar de nossa sexualidade, não de sermos discriminados por causa de nossa orientação ou da maneira como a vivemos. Por isso, devemos saber como defendê-la. Vou precisar de um voluntário para a próxima atividade.

Na primeira situação, o participante deve tentar por todos os meios seduzir, flertar com o terapeuta. O/a terapeuta deve responder a essas investidas em todas as ocasiões, mostrando isso através da linguagem verbal e também não verbal. Quando um participante se voluntariar, dizer:

Você tem que imaginar que está loucamente apaixonado/a por mim. Já estivemos em muitos encontros e esta noite você preparou um jantar especial em um hotel e reservou um quarto. Você tem que tentar me seduzir com todas as suas forças para que eu suba até aquele quarto, como você faria isso? Imagine que estamos fazendo uma peça e que temos que interpretá-la.

O objetivo é que os participantes procurem ter empatia com o terapeuta e observem os movimentos e frases sutis como "estou cansado", "é tarde, tenho que ir para casa", que o terapeuta diz para dar a entender que não quer subir até o quarto. Quando passarem cerca de quatro minutos de *role playing,* o/a terapeuta pausa a atividade e prossegue, dizendo:

Bem, isso é o suficiente, muito obrigado pela sua colaboração [dizer o nome do voluntário]. *Agora eu pergunto aos outros, o que vocês viram nessa situação?* [Espera-se que alguém diga que o/a terapeuta não teve vontade de subir até a sala e que a voluntária foi muito insistente. Quando isso acontecer, o/a terapeuta dirá:] *Exato, é isso que acontece. Embora neste caso eu tivesse pedido a ele para insistir que eu subisse, porque eu precisava representar aquela situação, eu queria que vocês percebessem que você não tem que ouvir não apenas na linguagem falada, mas também na linguagem corporal (não verbal) e o tom de voz. A pessoa que eu estava representando não estava com vontade de subir e ela tinha todo o direito de dizer não. Como vimos na sessão de comunicação, essa pessoa (o/a terapeuta) não foi muito assertiva, mas sim passiva. Ele não estava dizendo claramente o que gostava e o que não gostava.*

Todos temos o direito de dizer não, de dizer até onde queremos ir ou se queremos parar em algum momento. Essa situação nos mostra duas coisas. A primeira, é que devemos ser mais claros. Se eu tivesse dito "não quero ir para o quarto" com certeza ele não teria insistido mais para que isso acontecesse. A segunda coisa é que temos que estar atentos a outra pessoa. As pessoas podem não nos dizer claramente que não estão com vontade, mas seus gestos ou frases podem nos dizer melhor o que querem. Se não tivermos certeza, devemos perguntar para a pessoa. Por exemplo, você gostaria que algo acontecesse entre nós hoje à noite? Você gostaria de subir para quarto comigo?

Tudo bem, agora, lembrando de tudo que vocês aprenderam sobre assertividade, vamos encenar outra cena. Dois voluntários, por favor. [Quando esses dois voluntários se apresentarem, a situação será descrita para eles.]. *Vamos fazer a mesma cena de antes, mas, agora, um de vocês tem que dizer claramente que* ***não*** *quer fazer sexo com a outra pessoa, mas deve fazer isso de forma assertiva. Lembrem-se de tudo o que aprenderam na sessão de habilidades sociais.*

O/a terapeuta deixa os voluntários encenarem e, quando terminarem ou acharem que deveriam dar um tempo, comentar:

O que vocês acharam dessa cena? Eles fizeram isso bem? Vocês mudariam alguma coisa?

O/a terapeuta abre a discussão e, se necessário, corrige eventuais erros cometidos na cena. Também pode revisar brevemente a sessão de assertividade, se necessário.

Muito bem, agora vamos planejar outro encontro. Imagine que vamos conhecer pessoalmente uma pessoa que conhecemos on-line. Que coisas você deve levar em consideração para não nos colocarmos em perigo?

Deve-se fazer um debate, mas a lista que elaborada deve conter:

- Não dar dados pessoais.
- Não mandar fotos íntimas, já que podemos sofrer as consequências da sextorsão, como *cyberbullying*.
- Marcar encontros em locais públicos para evitar situações violentas.
- Fazer perguntas que confirmem tudo o que as pessoas disseram nas conversas on-line.
- Pedir uma foto do rosto da pessoa para reconhecê-la.

8. INFECÇÕES SEXUALMENTE TRANSMISSÍVEIS (20 MINUTOS)

Apresentar de forma breve as infecções sexualmente transmissíveis.

Para encerrar este dia, o terapeuta deve falar sobre gravidez indesejada e infecções sexualmente transmissíveis (ISTs), como são transmitidas e como preveni-las.

Para terminar a sessão, vamos falar sobre gravidez indesejada e infecções sexualmente transmissíveis (ISTs). Para isso, vamos tentar lembrar todos os tipos de relações sexuais que existem.

Slides 4-20, Anexo 3

O terapeuta anotará todas as interações sexuais que forem ditas e, ao final, deverão estar anotadas no quadro:

beijo, masturbação, sexo anal, sexo oral e relação vaginal. Então, o/a terapeuta deve falar sobre cada uma, dizendo o nível de risco de transmissão de uma infecção sexualmente transmissível com cada comportamento sexual e o que fazer para se prevenir. O Anexo 3 será útil para o terapeuta, caso ele não conheça nenhuma infecção sexualmente transmissível. Ao final, deve haver um diagrama no quadro como o da imagem do slide 4. Um exemplo de como explicar este esquema é:

Já temos uma lista dos comportamentos sexuais que podem ser praticados. Vamos ver agora quais infecções sexualmente transmissíveis podem ser transmitidas e o risco de cada comportamento. Por exemplo, beijos têm um baixo risco para nossa saúde, eles só podem nos transmitir resfriados. A masturbação também tem um risco baixo, até mesmo nulo se não existirem cortes na mão...

Continuar até que todo o esquema seja explicado. Caso algum participante não conheça nenhuma doença, o terapeuta pode ir ao Anexo 3 para encontrar as definições.

Reprodução de genitais masculinos e femininos

Como podemos ver, o preservativo masculino e feminino e a barreira de látex são muito importantes. Para o próximo exercício, vamos fazer em grupos de três pessoas. Cada grupo tem uma reprodução de genitais masculino e feminino. Vamos começar colocando um preservativo feminino na genitália feminina. [O/a terapeuta coloca o primeiro para explicar os passos. Enquanto cada integrante dos grupos coloca o preservativo feminino, o/a terapeuta vai passando auxiliando ou corrigindo eventuais erros que possam ser cometidos]. *Muito bem, agora vamos colocar o preservativo masculino.* [O/a terapeuta coloca o primeiro para explicar os passos.] *Ok, por último, faremos o mesmo com o quadrado de látex.*

7. CAIXA DE DÚVIDAS (5 MINUTOS)

Caixa de dúvidas, Anexo A

Finalizamos esta sessão. Por favor, coloquem suas dúvidas para que possamos resolvê-las antes de nos despedirmos.

O/a terapeuta recolhe as dúvidas que estiverem na caixa. Se houver apenas uma ou duas, selecionar mais outras duas no Anexo A e uni-las às outras. Lê-las aleatoriamente e solucionar as dúvidas. Dependendo do tempo, o/a terapeuta pode fazer um debate para resolvê-las ou apenas dar a explicação. As dúvidas estão no Anexo A já foram respondidas e serão utilizadas apenas se isso for necessário.

Caso seja apresentada uma dúvida muito pessoal, solucionar primeiro as demais e acrescentar em seguida:

Solucionamos todas as dúvidas da caixa, menos uma, que precisa ser solucionada em privado. Por favor, a pessoa que colocou uma dúvida que ficou sem resposta, entre em contato comigo para resolvê-la de forma particular.

8. TAREFA PARA CASA (5 MINUTOS)

Resumo

Hoje, não vamos passar nada específico para casa, mas sim colocar em prática no dia a dia tudo o que vocês aprenderam. Superem as barreiras e aproveitem sua sexualidade. Antes de irmos embora, vou distribuir o resumo do que foi aprendido nesta sessão. Nos vemos na próxima sessão.

Final da sessão 8

SESSÃO 9
ENCERRAMENTO DO PROGRAMA

9

ESQUEMA DA SESSÃO 1

Conteúdo	Materiais:	Duração sugerida (2 horas)
1. Cumprimentos		5 minutos
2. Objetivo da sessão	Slide 1	10 Minutos
3. Dúvidas gerais e caixa de dúvidas	Caixa de dúvidas.	15 minutos
4. Aplicação dos questionários	Questionários	25 Minutos
5. Intervalo		10 Minutos
6. Aplicação dos questionários (continuação)	Questionários	25 Minutos
7. Impressões da intervenção	Questionário de satisfação	15 minutos
8. Despedida	Diplomas	15 minutos

1. CUMPRIMENTOS (5 MINUTOS)

Cumprimentar a todos e explicar como será a sessão de hoje.

Bom dia, esta será nossa última sessão, por essa razão, ela terá um toque diferente para nossa despedida e para que possamos falar abertamente sobre todos os temas que quisermos, mas apenas os que estão nos objetivos da sessão.

2. OBJETIVOS DA SESSÃO (10 MINUTOS)

Indicar os objetivos da sessão de hoje.

Slide 1

Os objetivos desta sessão são resolver todas as dúvidas que tenham surgido ao longo deste programa, sejam através da caixa de correio de dúvidas ou pelas perguntar que vocês queiram fazer em voz alta. *Nós também vamos refazer os testes da primeira sessão, faço questão disso. Pode ser um pouco cansativo, mas é essencial poder ter esses dados para melhorar o programa, ver o que devemos mudar, eliminar ou acrescentar, além de poder continuar pesquisando para melhorar a qualidade de vida sexual das pessoas com TCE. Por fim, para nos despedirmos, comentaremos abertamente o que achamos das sessões, quais assuntos mais e menos ajudaram e quais ficaram de fora. Alguma dúvida? Então, vamos começar.*

3. DÚVIDAS GERAIS E CAIXA DE DÚVIDAS (15 MINUTOS)

Pegar a Caixa de dúvidas.

Caixa de dúvidas

Antes de começarmos a resolver as dúvidas, vou dar 3 minutos para que vocês pensem se têm novas dúvidas. Vocês podem anotá-las ou colocá-las na caixa de dúvidas ou simplesmente perguntar em voz alta. Lembre-se que, mesmo que você insira apenas uma pergunta, ela será totalmente anônima, pois há mais perguntas do dia anterior na caixa de dúvidas.

O/a terapeuta deixa no máximo 3 minutos e deve se assegurar que todos os participantes tenham papel e lápis. Depois de 3 minutos, o/a terapeuta passa a caixa de dúvidas para quem quiser colocar sua pergunta e continua a sessão, dizendo:

Vamos resolver primeiro as dúvidas que estão na caixa de dúvidas, pois elas podem dar origem a outras dúvidas e, assim, podemos falar de mais coisas que nos ajudem a ter uma boa qualidade de vida sexual.

O terapeuta deve começar lendo a primeira pergunta da caixa para respondê-la, e depois deve sempre perguntar: "*Alguém quer acrescentar alguma coisa?*" É assim que o terapeuta continuará com todas as dúvidas na caixa de dúvidas. Quando terminar, começar com as perguntas dos participante que quiserem se manifestar: "*Agora, vamos para as perguntas em voz alta. Alguém quer perguntar alguma coisa?*" É importante que todos os participantes resolvam suas dúvidas neste momento, pois é a última vez que poderão fazê-lo na frente do terapeuta.

4. APLICAÇÃO DOS QUESTIONÁRIOS. (25 MINUTOS)

Administração dos questionários.

Questionários

O/a terapeuta deve entregar os primeiros questionários e, caso os usuários não os tenham, canetas para que preencham os questionários. Enquanto isso, comentar:

Estes são os mesmos questionários que vocês responderam na primeira sessão. Vocês devem prestar atenção e preenchê-los da forma mais sincera e exata possível. Por favor, não deixem nenhuma pergunta sem resposta e, se tiverem alguma dúvida, podem perguntar para mim.

5. INTERVALO (10 MINUTOS)

Intervalo.

Quando terminarem de responder a primeira parte dos questionários, anunciar o intervalo.

Muito obrigado/a por responderem os questionários, agora teremos 10 minutos de intervalo e, em seguida, continuaremos com a sessão.

6. APLICAÇÃO DOS QUESTIONÁRIOS. CONTINUAÇÃO (25 MINUTOS)

Questionários

O terapeuta distribui a segunda parte dos questionários e comenta:

Continuamos preenchendo a segunda parte dos questionários, peço, como antes, que respondam a todas as perguntas honestamente e, se tiverem alguma dúvida, pergunte-me diretamente.

7. IMPRESSÕES DA INTERVENÇÃO (15 MINUTOS)

Avaliação do programa de intervenção.

Questionários de satisfação

Por fim, realizaremos uma análise FOFA sobre os pontos fortes e fracos (análise interna), bem como sobre as ameaças e oportunidades (análise externa) do programa por cada participante. Dessa forma, no futuro, podem ser propostas formas de potencializar os pontos fortes e oportunidades do programa, por um lado, e minimizar ou eliminar as ameaças e fraquezas, por outro.

As instruções para essa análise seriam as seguintes:

Vou distribuir um questionário de satisfação do programa. Vocês podem colocar tudo o que quiserem, será anônimo e, também se quiserem, podem dar sua opinião em voz alta, pois seria interessante saber como vocês vivenciaram este programa. Vou dar de 5 a 7 minutos para preencherem este questionário, para depois comentarmos juntos. Trata-se de apontar em cada quadrante quais fraquezas e ameaças você acha que podem ter afetado o desenvolvimento do programa de alguma forma. Da mesma forma, vocês apontarão quais fortalezas e oportunidades vocês acham que foram os pontos fortes do programa.

O/a terapeuta deixará o tempo necessário para o preenchimento do questionário, pode até dar um exemplo se uma parte do questionário não for totalmente compreendida e, em seguida, abrirá um debate sobre o programa.

8. DESPEDIDA (15 MINUTOS)

Entregar o diploma de participação no programa.

Diplomas

O/a terapeuta entregará os diplomas e se despedirá, enfatizando o quanto está grato/a pela presença dos participantes no programa e a importância de colocar em prática tudo o que foi aprendido.

Antes de nos despedirmos, quero agradecer por terem participado do programa e compartilhado com seus colegas vários momentos, intimidades, problemas e soluções. Para mim, foi uma experiência enriquecedora. Quero que coloquem em prática tudo o que aprenderam e que aproveitem sua sexualidade, lembrem-se de que tudo o que foi compartilhado aqui é confidencial. Vou entregar esse diploma de participação no programa. Alguém quer dizer alguma coisa ou se despedir de seus colegas?

Esperar uns minutos para se certificar se alguém quer acrescentar algo e terminar dizendo:

Muito obrigado/a, e vão aproveitar sua sexualidade!

REFERÊNCIAS

Abraham, L., Symonds, T. & Morris, M. F. (2008). Psychometric validation of a sexual quality of life questionnaire for use in men with premature ejaculation or erectile dysfunction. *The Journal of Sexual Medicine*, *5*(3), 595-601. https://doi.org/10.1111/j.1743-6109.2007.00749.x

Aloni, A., Keren, O., Cohen, M., Rosentul, N., Romm, M. & Groswasser, Z. (1999). Incidence of sexual dysfunction in TBI patients during the early post-traumatic in-patient rehabilitation phase. *Brain Injury*, *13*(2), 89-97. https://doi.org/10.1080/026990599121755

Aloni, R. & Katz, S. (2003). *Sexual difficulties after traumatic brain injury and ways to deal with it.* Springfield, Illinois: Charles C. Thomas.

Arango-Lasprilla, J.C., Olabarrieta-Landa, L., Ertl, M.M., Stevens, L.F., Morlett-Paredes, A., Andelic, N. & Zasler, N. (2017). Provider Perceptions of the Assessment and Rehabilitation of Sexual Functioning After TBI. *Brain injury*, *31*(12), 1605-1611. DOI: 10.1080/02699052.2017.1332784

Basson, R., Brotto, L.A., Laan, E., Redmond, G. & Utian WH. (2005). Assessment and management of women's sexual dysfunctions: problematic desire and arousal. *Journal of Sexual Medicine*, *2*(3), 291-300. DOI: 10.1111/j.1743-6109.2005.20346.x

Bezeau, S. C., Bogod, N. M. & Mateer, C. A. (2004). Sexually intrusive behavior following brain injury: Approaches to assessment and rehabilitation. *Brain Injury, 18*(3), 299-313. DOI: 10.1080/02699050310001617398

Blackerby, W. F. (1990). A treatment model for sexuality disturbance following traumatic brain injury. *Journal of Head Trauma Rehabilitation, 5*(2), 73-82. https://doi.org/10.1097/00001199-199005020-00012

Branden, N. (2013). *El poder de la Autoestima: cómo potenciar este importante recurso psicológico.* Barcelona, España: Paidos Ibérica.

Burgos, G. (2009). *Mente y deseo en la mujer. Guía práctica para la felicidad sexual de las mujeres.* Madrid: Biblioteca Nueva.

Colantonio, A., Mar, W., Escobar, M., Yoshida, K., Velikonja, D., Rizoli, S., Cusimano, M., & Cullen, N. (2010). Women's health outcomes after traumatic brain injury. *Journal of Women's Health, 19*(6), 1109-1116.

Crowe, S.F. & Ponsford, J. (1999). The role of imagery in sexual arousal disturbances in the male traumatically brain injured individual. *Brain Injury, 13*(5), 347-354. DOI: 10.1089/jwh.2009.1740

De Silva, M.J., Roberts, I., Perel, P., Edwards, P., Kenward, M.G., Fernandes, J., Shakur, H., Patel, V., & CRASH Trial Collaborators (2008). Patient outcome after traumatic brain injury on high-, middle- and low-income countries: Analysis of data on 8926 patients in 46 countries. *International Journal of Epidemiology, 38*(2), 1-7. DOI: 10.1093/ije/dyn189

Desvarieux, A.R., Salamanca, &., Ortega, V. & Sierra, J.C. (2005). Validación de la versión en castellano del Hurlbert Index of Sexual Fantasy: una medida de actitud hacia las fantasías sexuales. *Revista Mexicana de Psicología, 22*(2), 529-539.

Dikmen, S., Machamer, J. & Tempkin, N. (2001). Mild head injury: facts and artifacts. *Journal of Clinical and Experimental Neuropsychology, 23*(6), 729-738. DOI: 10.1076/jcen.23.6.729.1019

Draper, K., Ponsford, J. & Schonberger, M. (2007). Psychosocial and emotional outcomes 10 Years following traumatic brain injury. *Journal of Head Trauma Rehabilitation, 22*(5), 278-287. DOI: 10.1097/01.HTR.0000290972.63753.a7

Fleminger, S. & Ponsford, J. (2005) Long term outcome after traumatic brain injury. *British Medical Journal, 331*(7530), 1419-1420. DOI: 10.1136/bmj.331.7530.1419

Garcia-Portilla, M.P., Saiz, P.A., Fonseca, E., Al-Halabi, S., Bobes-Bascara, M.T., Arrojo, M., Benabarre, A., Goikolea, J.M., Sánchez, E., Sarramea, F. & Bobes, J. (2011). Psychometric properties of the Spanish versión of the Changes in Sexual Functioning Questionnaire Short-Form (CSFQ-14) in patients with severe mental disorders. *The Journal of Sexual Medicine, 8*(5), 1371-82. DOI: 10.1111/j.1743-6109.2010.02043.x

Greenspan, A.I., Wrigley, J.M., Kresnow, M., Branche-Dorse &, C.M. & Fine, P.R. (1996). Factors influencing failure to return to work due to traumatic brain injury. *Brain Injury, 10*(3), 207-218. DOI: 10.1080/026990596124520

Hibbard, M. R., Gordon, W. A., Flanagan, S., Haddad, L. & Labinsky, E. (2000). Sexual dysfunction after traumatic brain injury. *NeuroRehabilitation, 15*(2), 107-120. DOI: 10.3233/NRE-2000-15204

Hudson, W. W., Harrison, D. F. & Crosscup, P. C. (1981). A short-form scale to measure sexual discord in dyadic relationships. *Journal of Sex Research, 17*(2), 157-174. https://doi.org/10.1080/00224498109551110

Kosteljanetz, M., Jensen, T. S., Nørgard, B., Lunde, I., Jensen, P. B. & Johnsen, S. G. (1981). Sexual and hypothalamic dysfunction in the postconcussional syndrome. *Acta Neurologica Scandinavia, 63*(3), 169-180. DOI: 10.1111/j.1600-0404.1981.tb00769.x

Kreuter, M., Dahllöf, A.-G., Gudjonsson, G., Sullivan M., & Siösteen, A. (1998). Sexual adjustment and its predictors after traumatic brain injury. *Brain Injury, 12*(5), 349-368. DOI: 10.1080/026990598122494

Kreutzer, J. S. & Zasler, N. D. (1989). Psychosexual consequences of traumatic brain injury: Methodology and preliminary findings. *Brain Injury, 3*(2), 177-186. DOI: 10.3109/02699058909004550

Kroenke, K., Spitzer, R. L. & Williams, J. B. (2001). The PHQ-9: validity of a brief depression severity measure. *Journal of General Internal Medicine, 16*(9), 606-613. DOI: 10.1046/j.1525-1497.2001.016009606.x

Medlar, T. M. (1998). Special issue: Sexuality education and traumatic brain injury. *Sexuality and Disability, 16*, 1-68.

Murray, C. & Lopez, A. (1996) *Global health statistics: A compendium of incidence, prevalence and mortality estimates for over 200 conditions.* Cambridge, MA: Harvard University Press.

O'Carroll, R. E., Woodrow, J. & Maroun, F. (1991). Psychosexual and psychosocial sequelae of closed head injury. *Brain Injury, 5*(3), 303-313. DOI: 10.3109/02699059109008100

Oddy, M., Humphrey, M. & Uttley, D. (1978). Subjective impairment and social recovery after closed head injury. *Journal of Neurology, Neurosurgery, and Psychiatry, 41*(7), 611-616. DOI: 10.1136/jnnp.41.7.611

Ponsford, J. (2003). Sexual changes associated with traumatic brain injury. *Neuropsychological Rehabilitation, 13*(1-3), 275-289. DOI: 10.1080/09602010244000363

Ponsford, J., Sloan, S., & Snow, P. (1995). *Traumatic brain injury: Rehabilitation for everyday adaptive living.* Hillsdale, NJ: Erlbaum.

Rathus, S. A. (1973). A 30-item schedule for assessing assertive behavior. *Behavior Therapy, 4*(3), 398-406. https://doi.org/10.1016/S0005-7894(73)80120-0

Rosenberg, M. (1965). *Society and the adolescent self-image.* Princeton, NJ: Princeton University Press.

Sabhesan, S. & Natarajan, M. (1989). Sexual behavior after head injury in Indian men and women. *Archives of Sexual Behavior, 18*(4), 349-356. DOI: 10.1007/BF01541953

Sandel, M. E., Williams, K. S., Dellapietra, L. & Derogatis, L. R. (1996). Sexual functioning following traumatic brain injury. *Brain Injury, 10*(10), 719-728. DOI: 10.1080/026990596123981

Sanz Ramón, F. & Sau, V. (2000) *Psicoerotismo Femenino y Masculino.* Barcelona: Editorial Kairos.

Sierra, J.C., Ortega, V. & Zubeidat, I. (2006). Confirmatory factor analysis of a spanish version of the Sex Fantasy Questionnaire: Assessing gender differences. *Journal of Sex & Marital Therapy, 32,* 137-159. DOI: 10.1080/00926230500442318

Simpson, G. (1999) *You and me: An education program about sex and sexuality after a traumatic brain injury.* New South Wales, Australia: Liverpool Health Service.

Simpson, G. (2001). Addressing the sexual concerns of persons with traumatic brain injury in rehabilitation settings: A framework for action. *Brain Impairment, 2*(2), 97-108. https://doi.org/10.1375/brim.2.2.97

Simpson, G. (2003). *You and me: An education program about sex and sexuality after a traumatic brain injury (2nd ed.).* New South Wales, Australia: Liverpool Health Service.

Simpson, G. & Long, E. (2004). An evaluation of sex education and information resources and their provision to adults with traumatic brain injury. *Journal of Head Trauma Rehabilitation, 19*(5), 413-428. DOI: 10.1097/00001199-200409000-00006

Spitzer, R. L., Kroenke, K., Williams, J. B. & Löwe, B. (2006). A brief measure for assessing generalized anxiety disorder: the GAD-7. *Archives of internal medicine, 166*(10), 1092-1097. DOI: 10.1001/archinte.166.10.1092

Strizzi, J., Olabarrieta Landa, L., Pappadis, M., Olivera, S. L., Valdivia Tangarife, E. R., Fernandez Agis, I., ... & Arango-Lasprilla, J. C. (2015). Sexual Functioning, Desire, and Satisfaction in Women with TBI and Healthy Controls. *Behavioural neurology, 2015*: 2015:247479. DOI: 10.1155/2015/247479

Strizzi, J., Olabarrieta-Landa, L., Olivera, S. L., Tangarife, R. V., Rodrigo, I. A. S., Agis, I. F., & Arango-Lasprilla, J. C. (2017). Sexual Function in Men with Traumatic Brain Injury. *Sexuality and Disability, 35*(4), 461-470. https://doi.org/10.1007/s11195-017-9493-9

Symonds T, Boolell M & Quirk F (2005). Development of a questionnaire on sexual quality of life in women. *Journal of Sexual Marital Therapy, 31*(5), 385–397. DOI: 10.1080/00926230591006502

Valdez, A. (2008). *Silla sutra. Sexualidad activa.* México: Aktiva-Mx.

Viedma, M.I., Gutiérrez, P., Ortega, V. & Sierra, J.C. (2005). Escala de Ensoñaciones Sexuales: primeros datos psicométricos en muestras españolas. *Análisis y Modificación de Conducta, 31* (138), 407-431. https://doi.org/10.33776/amc.v31i138.2160

Ware, J. E., & Sherbourne, C. D. (1992). The MOS 36-item short-form health survey (SF-36): I. Conceptual framework and item selection. *Medical care*, 30(6), 473-483.

World Health Organization (WHO). (2006). *Defining sexual health: Report of a technical consultation on sexual health, 28–31 January 2002.* Geneva, World Health Organization.

Wilson, G. (1988). Measurement of sex fantasy. *Sexual and Marital Therapy, 3*(1), 45–55. https://doi.org/10.1080/02674658808407692

CAIXA DE DÚVIDAS

Em todas as sessões haverá uma caixa onde os participantes poderão colocar todas aquelas perguntas que não queiram fazer publicamente. Para isso, deve-se pedir que, de forma anônima, escrevam a pergunta e a coloquem dentro da caixa. Se houver poucas dúvidas, o terapeuta deve colocar algumas das perguntas do Anexo A ou outras que considere oportunas para garantir o anonimato das pessoas. Se algum participante apresentar dificuldades para escrever, o terapeuta oferecerá ajuda 5 minutos antes ou depois da sessão para que esse possa fazer a(s) pergunta(s).

1. O TCE pode afetar a sexualidade?

Claro que pode afetar a sexualidade, razão pela qual foi criado um manual específico para tratar da sexualidade em pessoas com lesão cerebral adquirida. Claro, seria impossível dizer como o TCE afeta cada pessoa, uma vez que cada TCE e cada pessoa é diferente. Isso significa que a forma como isso pode afetar a sexualidade varia de pessoa para pessoa. Ao longo das sessões, veremos ou vimos (dependendo de quando você fizer essa pergunta) como o TCE pode afetar a sexualidade e quais soluções podemos dar a ele.

2. Após lesão cerebral adquirida, não terei mais orgasmos?

Não é um tudo ou nada. Não podemos garantir que você terá um orgasmo novamente, temos que avaliar a situação de cada pessoa e tentar soluções diferentes. Durante as sessões seguintes, veremos algumas das razões pelas quais você não pode alcançar um orgasmo atualmente (devido a medicação, problema de estimulação etc.) e como melhorar isso.

3. O traumatismo cranioencefálico pode afetar meu desejo?

Muitas vezes influencia o desejo sexual. O desejo é a parte mais sensível da resposta sexual humana, pode ser influenciado por medicamentos, estresse, ansiedade etc. Devemos avaliar o que está afetando você e, assim, lhe daremos uma solução.

4. O TCE pode afetar a minha ereção?

Existem estudos que mostram que existe uma relação entre o TCE e problemas de ereção, mas não foi demonstrado quais canais são afetados. Como em outros casos, pode ser devido a medicação, estresse, baixa autoestima, problema de libido etc.

5. É possível que, após o TCE, eu ejacule mais cedo do que o desejado?

É possível, mas existem exercícios para controlar a ejaculação. Exercícios de Kegel, por exemplo, ajudam a controlar a ejaculação e outros problemas sobre os quais iremos comentar. Se ficarem algumas dúvidas depois da sessão 7, por favor, volte a perguntar.

6. O TCE pode afetar a minha lubrificação?

Sim, diferentes pesquisas mostram que existe uma relação entre Traumatismo cranioencefálico e problemas de lubrificação. Existem muitos lubrificantes artificiais e naturais que serão vistos, (ou já foram vistos, dependendo de quando for feita essa pergunta) durante as sessões, como óleo de coco, saliva, ou outros artificiais solúveis em água, à venda em farmácias. Também podemos corrigir esse inconveniente se for um problema de desejo ou excitação, como descobriremos nos próximos dias (ou como descobrimos em sessões anteriores, dependendo de quando for feita essa pergunta).

7. Será mais difícil para mim conquistar ou seduzir outras pessoas por causa do TCE?

A conquista é uma habilidade, portanto, é algo que pode ser aprendido e praticado. Dependendo das sequelas do TCE, podemos ter que mudar as formas ou estratégias de namoro, mas aos poucos podemos nos adaptar às novas circunstâncias.

8. Estou muito mais desinibido nas relações sexuais do que antes, isso pode ser devido ao TCE?

Provavelmente é por isso. Nas primeiras sessões, explicaremos (ou explicamos, dependendo de quando fizerem essa pergunta) como o traumatismo cranioencefálico pode afetar a sexualidade, a desinibição. Nas últimas sessões, veremos (ou vimos, dependendo de quando for feita essa pergunta) como controlá-la e em alguns casos é necessário um estudo individual para poder ajudar essa pessoa.

9. Posso ficar estéril por causa do traumatismo cranioencefálico?

É muito improvável que alguém se torne estéril devido a um TCE; problemas de ereção, ejaculação ou lubrificação são mais prováveis. Para isso, existem inúmeros tratamentos que ajudam a conceber um bebê, como fertilização *in vitro*, inseminação artificial, estimulação da ovulação etc.

10. Como as sequelas físicas que o traumatismo cranioencefálico deixou em meu corpo podem influenciar minha sexualidade?

Na sessão 3, veremos (ou vimos, dependendo de quando for feita essa pergunta) especificamente. Existem várias maneiras pelas quais os danos cerebrais podem influenciar, por exemplo, nas posturas para ter relações sexuais, dores ao ter relações sexuais etc.

11. Se não posso ter relações sexuais, que outras práticas sexuais posso praticar nessas circunstâncias?

Existe a masturbação, o sexo oral, o sexo anal etc. Assim como utilizar brinquedos para a masturbação, anéis estimulantes, lubrificantes etc.

12. Existem brinquedos sexuais que possam ajudar pessoas com TCE com problemas de mobilidade a manter relações sexuais?

Não há muita variedade de brinquedos sexuais específicos para pessoas com problemas de mobilidade, mas há muitos que podem ser adaptados. Na sessão 7, veremos (ou vimos, dependendo de quando for feita essa pergunta) vários deles, como dildos, vibradores, sugadores, balanço sexual, vagina em lata etc.

13. Quais posições sexuais podem ajudar a manter relações se você tiver problemas motores?

Na sessão 7 é apresentado (ou foi apresentado dependendo de quando for feita esta pergunta) um pequeno manual de posições sexuais para pessoas com mobilidade reduzida.

14. É normal que, após lesão cerebral, eu não sinta vontade de fazer sexo?

Isso pode ser frequente, mas existem muitas soluções. Neste programa veremos (ou vimos, dependendo de quando for feita essa pergunta) muitas delas. Se, ao final de todas as sessões, você não notar melhora, deve procurar um especialista para avaliar seu caso particular. Este manual é para melhorar as relações sexuais e a vida sexual de cada um/a, mas não é uma terapia como tal, que é o que seria necessário em casos muito particulares e mais graves.

15. Ver filmes pornográficos pode ajudar nas relações sexuais com meu/minha parceiro/a?

Depende. Filmes pornográficos podem ser excitantes e promover uma resposta sexual, mas é importante que sejam excitantes para ambos os parceiros. Também é importante saber que a pornografia tradicional oferece um modelo muito limitado de sexualidade. No entanto, há uma variedade maior se formos ao pornô feminino ou pós-pornô (um tipo de pornô mais feminista).

16. Como posso ter relações sexuais se não consigo sair da minha cadeira de rodas?

Preparamos uma sessão específica para melhorar as habilidades sociais e de conquista após a lesão cerebral, vamos colocar (ou colocamos, dependendo de quando for feita essa pergunta) muitos exemplos e outros que podem ser apontados como soluções alternativas.

A conquista não depende de você estar ou não em uma cadeira de rodas, tem a ver com uma série de habilidades intimamente ligadas às habilidades sociais, que, como qualquer habilidade, podem ser aprendidas e aprimoradas.

17. Eu tenho problemas de ereção e minha parceira quer ter filhos, ela poderia ter?

Em princípio, os problemas de ereção devem ser tratados primeiro. Embora também existam outras alternativas, como inseminação artificial, adoção etc.

18. Sempre tive essa dúvida, o tamanho importa?

É uma dúvida muito comum em para muitas pessoas; é verdade que o tamanho importa, mas não como pensamos ou tanto quanto pensamos. Ou seja, o comprimento não importa tanto, já que a vagina da mulher só tem sensibilidade no primeiro terço. O canal vaginal mede cerca de 12 cm, então a sensibilidade fica nos 4 primeiros aproximadamente. Mas, por outro lado, a largura importa mais, já que o clitóris mede cerca de 10 cm e envolve a vagina, quanto mais grosso, mais atrito. Por que digo que não é tão importante quanto pensamos? Aproximadamente, 80% das mulheres não atingem o orgasmo apenas com a penetração e 20% nem sempre o atingem; diante disso, é importante saber estimular o clitóris externo, seja com as mãos ou com qualquer outro aparelho. Isso sobre relações vaginais.

Por outro lado, às vezes também é uma questão de se sentir dentro do "normal", nesse sentido, existem muitos mitos derivados principalmente da pornografia e dos pênis acima da média de seus protagonistas. A verdade é que a maioria dos homens tende a estar dentro da média de seu país.

19. Meu/minha parceiro/a me trata como uma criança desde que estive no hospital, como posso voltar ao meu relacionamento anterior?

Quando ocorre uma mudança abrupta nas relações do casal devido a doença, desordem etc., o casal adota um papel de cuidador que às vezes se torna superprotetor. Nesse sentido, às vezes demora para restabelecer o relacionamento anterior, é fundamental que cada um expresse de forma assertiva como está se sentindo ao ser tratado dessa forma. A comunicação assertiva é abordada numa das sessões deste programa.

20. Meu/minha parceiro/a sempre reclamou que não sente orgasmo ou não sabe o que é, o que posso fazer?

Neste caso, este problema terá de ser abordado em casal, uma vez que foi assim que a situação ocorreu, sob recomendação de um/a terapeuta especializado (sexólogo/a). Por um lado, seu/sua parceiro/a terá que aprender a conhecer seu próprio corpo sozinho, para o qual a autoestimulação é altamente recomendada. E este será o passo anterior para depois mostrar-lhes a melhor maneira de se estimularem mais tarde, como casal.

Vamos supor que seu parceiro seja uma mulher, pois não temos dados para saber se ela é homem ou mulher. O orgasmo ocorre com as contrações dos músculos do assoalho pélvico, é isso que causa prazer. Para uma mulher, a estimulação do clitóris é muito importante (nós veremos ou já vimos na sessão 7), mas também tem que passar por todas as fases da resposta sexual humana (desejo, excitação, platô, orgasmos e resolução). Nos homens, é a mesma coisa, mas é mais fácil de reconhecer porque "geralmente" (nem sempre) é acompanhado de ejaculação.

21. Neste momento, não tenho controle dos esfíncteres e tenho muita envergonhado/a de estar fazendo sexo e urinar ou evacuar. Posso fazer alguma coisa?

É importante que os sintomas que podem influenciar o desenvolvimento da sexualidade sejam abordados antes de retomar as relações sexuais. No entanto, neste momento, a comunicação e a confiança com seu parceiro também são importantes. E o fato de poder falar com calma sobre essas questões antes que aconteçam ou quando acontecerem durante a relação sexual. No fim das contas, é mais uma mudança que terá de ser assumida. Esses sintomas geralmente também melhoram com exercícios de fortalecimento do assoalho pélvico, que também são recomendados na terapia sexual.

Por outro lado, assim como uma pessoa prepara uma noite romântica com velas, flores, coloca colônia, depila o corpo etc., também pode preparar seus esfíncteres para isso: tente ir ao banheiro antes; se você usa sondas, analise como está seu corpo antes de fazer sexo etc.

22. Posso fazer sexo se eu tiver mais de 60 anos e também tiver tido um derrame?

Nem a idade em si nem o fato de ter sofrido um AVC são condições que, em princípio, impedem as relações sexuais. No entanto, a fisiologia da resposta sexual de cada pessoa vai depender de cada caso particular e deve ser analisada em consulta com o médico. Se o/a médico/a recomendou que você não faça esforços físicos, talvez algumas posturas não sejam adequadas, mas você não deve ter nenhum problema em ter relações sexuais, pelo contrário, obterá benefícios com isso.

De qualquer forma, as relações sexuais não se reduzem ao coito (podem ser: masturbação, massagens, carícias, beijos etc.), portanto, aquelas que não exigem uma condição física particular podem serem enriquecidas e mantidas ao longo da vida e sob quaisquer condições.

23. Como posso me masturbar se não consigo mover bem minhas mãos para tocar meus genitais?

Uma opção pode ser fazer com que seu parceiro, ou parceira, o masturbe, sob sua orientação. Outra opção, para quando você não tem um parceiro ou também para quando você tem um parceiro são os brinquedos sexuais. Atualmente, existe uma vasta gama de estimuladores genitais adaptados às mais diversas situações.

Na sessão 7 veremos (ou vimos, dependendo de quando for feita essa pergunta) diferentes tipos de dispositivos que podem ajudar (se o/a terapeuta achar necessário), nesse momento pode ir para a sessão 7 e mostrar as informações de forma breve.

24. Eu sempre gostei de brincar que meu/ minha parceiro/a é meu escravo/a e faz tudo que eu digo a ele, sou normal?

O que é normal ou não é nada mais do que critérios sociais baseados no consenso social e isso varia de uma cultura para outra e de uma época para outra. Nesse caso, o importante é que tudo o que você faça seja acordado com seu/sua parceiro/a e não algo imposto ou forçado, nesse caso em que você estaria violando seus direitos sexuais, o que nem seria legal.

25. Eu nunca tive um parceiro do mesmo sexo e não gostaria de sair ou ter uma vida de casal com uma pessoa do mesmo sexo, mas me excita quando vejo alguém bonito do mesmo sexo. Isso significa que sou bissexual ou não?

Existe uma teoria chamada Queer, que é explicada numa sessão deste programa (ou já foi explicada), que consiste em separar vários conceitos (Ver glossário). Se seguirmos essa teoria, ela é totalmente lógica, já que orientação sexual e orientação romântica podem ser totalmente diferentes.

Admiração pela beleza de outra pessoa é uma questão comum, independente do gênero da outra pessoa. Só por causa disso não significa que você possa sentir atração por ele/ela. No entanto, às vezes você também pode se sentir excitado por pessoas do sexo oposto. Como mencionamos, dentro da orientação sexual, é possível distinguir entre atração sexual (fazer sexo ou fantasiar) e atração romântica (ter um parceiro) e ambas não precisam coincidir na mesma pessoa, ou seja, você pode ficar atraído/a por um gênero para ser seu parceiro e pelo outro, ou ambos, para fazer sexo. De qualquer forma, o ser humano é plural e reduzir-se a um ou outro rótulo seria apenas uma limitação à nossa forma de expressar.

26. Meu parceiro me deixou depois de sair do hospital e, toda vez que falo com meu amigo sobre isso, ele me dá a sensação de que não acha que vou ter um parceiro novamente. Vou ficar sozinha?

Ninguém pode saber disso agora e qualquer coisa que lhe digam não passa de especulação. Neste momento você está em uma fase de mudança e adaptação à sua nova vida, mas isso não significa que no futuro você não possa ter um parceiro, se você trabalhar em suas habilidades sociais e de conquista, e faça um esforço dia a dia para conseguir.

De qualquer forma, para encontrar um parceiro estável, devemos primeiro estar bem com nós mesmos, para depois poder formar um casal. Isso tem que ser trabalhado, assim como as habilidades de conquista mencionadas acima.

27. Desde que sofri o traumatismo cranioencefálico, tenho um temperamento ruim e discuto muito com meu parceiro. Quando eu quero fazer sexo, ele/a não quer, como posso resolver essa situação?

Às vezes, o «mau temperamento» ou a mudança de comportamento também é consequência do traumatismo cranioencefálico, especificamente se houver danos ao lobo frontal. Isso não significa que você não possa trabalhar nisso para melhorar essa impulsividade ao dizer as coisas, especialmente no uso do estilo assertivo ao conversar com seu parceiro. Na sexualidade, muitos fatores influenciam e um deles é a comunicação. Quando a relação não funciona bem nesse nível, a sexualidade pode ser afetada, por esse motivo esse aspecto deve ser resolvido primeiro.

28. Existem posições que são melhores para fazer sexo se eu não puder me mover bem?

Existem muitas posturas e variações delas, além de cadeiras, camas e adaptadores que podem ajudar a manter a relação sexual da forma mais confortável para ambos os membros do casal. No entanto, dependendo do tipo de problema, será necessário buscar algumas adaptações. Por exemplo, se um membro do casal está em cadeira de rodas, geralmente o outro membro do casal pode ter um papel mais ativo, sendo aquele/a que se move mais.

29. Que doenças posso pegar se fizer sexo sem camisinha? São muito graves?

Se você não usar camisinha, você pode pegar qualquer infecção sexualmente transmissível (HIV, HPV, herpes, hepatite, gonorreia etc.) e não apenas com o sexo vaginal ou anal, mas através do sexo oral, mesmo de outras práticas desprotegidas (embora com menor risco).

30. Como sofri um TCE, é muito difícil para mim seduzir outras pessoas, só poderei seduzir e ter relações sexuais com pessoas que também tenham tido TCE?

O fato de ser difícil para você seduzir ou não vai depender mais de suas habilidades sociais e de conquista do que do fato de você ter sofrido um TCE. Você não vai flertar necessariamente apenas com pessoas com TCE, embora provavelmente sejam pessoas com quem você possa simpatizar, e elas com você, mais facilmente do que com outras pessoas, já que você já passou pela mesma situação. Mas isso não significa que você não possa conhecer e ter relações com outras pessoas.

GLOSSÁRIO

Este programa pode ser conduzido por qualquer profissional de saúde. Apesar de não ser necessário ter realizado um curso de estudos sobre sexualidade, é recomendável ter algum conhecimento sobre o tema. Como ajuda, existe à disposição do terapeuta um glossário no qual estão explicados os termos básicos que devem ser conhecidos para se realizar uma intervenção adequada. É essencial que o terapeuta domine cada um dos termos para esclarecer aos participantes as diferenças entre, por exemplo, sexo/sexualidade, orientação sexual/romântica etc. (ver Glossário).

Erotismo: Tem uma relação evidente com a sensualidade, a sexualidade e a capacidade de atração entre os seres humanos.

Gênero: Os papéis, comportamentos, atividades e atributos socialmente construídos que uma sociedade considera apropriados para homens e mulheres, bem como para outros gêneros.

Orientação sexual: Orientação sexual, tendência sexual ou inclinação sexual refere-se a um padrão de atração sexual, erótica por um determinado grupo de pessoas definido por seu gênero. A orientação sexual e seu estudo podem ser divididos em três partes principais: heterossexualidade (atração por pessoas do sexo oposto), homossexualidade (atração por pessoas do mesmo sexo) e bissexualidade (atraídos por pessoas de ambos os sexos). Outros tipos de orientação sexual podem ser considerados.

Orientação romântica: Tendência romântica ou emocional em relação a um grupo determinado por seu gênero para manter um relacionamento romântico.

Prazer: Pode ser definido como uma sensação ou sentimento positivo, agradável ou eufórico.

Reprodução: A reprodução é um processo biológico que permite a criação de novos organismos, sendo uma característica comum a todas as formas de vida conhecidas.

Sexo: Em nossa intervenção, quando usarmos a palavra sexo, estamos nos referindo à genitália física, ou seja, genitália feminina ou masculina.

Teoria *Queer*: É um conjunto de ideias sobre gênero e sexualidade de pessoas, que afirma que as identidades de gênero, identidades sexuais, orientações sexuais e orientações românticas das pessoas são fruto de uma construção social e que, portanto, não são essencialmente biológicas.

Esta teoria rejeita a classificação das pessoas em categorias fixas e extremas. Um exemplo disso é que a identidade de gênero não precisa ser apenas "corpo de mulher" ou "corpo de homem", há pessoas que possuem genitália masculina, mas possuem seios femininos. Se tomarmos um exemplo de identidade de gênero, descobrimos que a maioria das pessoas não pertence a nenhum extremo, uma pessoa com identidade sexual feminina pode gostar de muitos aspectos que seriam identificados com papéis masculinos, como por exemplo, esportes, alguns tipos de roupas etc.; e outros aspectos, como se maquiar, que é claramente identificado como algo feminino. Também a orientação romântica dessa mesma pessoa pode ser heterossexual, ou seja, ela só gosta que seu relacionamento amoroso seja com homens, mas sua orientação sexual pode ser bissexual, ou seja, quando se trata de ter relacionamentos eróticos eles gostam tanto de mulheres como de homens.

Saquê Wakame: Consiste em derramar saquê nas pernas fechadas de uma mulher nua e beber diretamente do triângulo formado por seu púbis e coxas.

***Wet and messy* (molhado e bagunçado):** É uma prática sexual que consiste em derramar grandes quantidades de uma substância no corpo nu ou na roupa de uma pessoa.

Parte 2

MATERIAIS COMPLEMENTARES PARA A REALIZAÇÃO DO PROGRAMA

QR code para acesso aos
os materiais complementares

SESSÃO 1

1

SLIDE 1

Objetivos da intervenção

- Melhorar a qualidade da vida sexual.
- Aspectos a serem trabalhados:
  - Mitos sobre a sexualidade depois de um TCE.
  - Funcionamento psicológico.
  - Habilidades de comunicação.
  - Autoconhecimento corporal.
  - Ferramentas para melhoras as relações sexuais.
  - Saúde sexual.

SLIDE 2

Características do programa

Duração	▸ 9 dias ▸ 1 mês aprox.
Sessões	▸ 2 por semana ▸ 2h30mim por sessão
Características	▸ Dinâmico ▸ Prático

SLIDE 3

Regras de comportamento

1. Confidencialidade
2. Respeito pelos outros
3. Escutar os outros
4. Pontualidade
5. Realizar as tarefas para casa
6. Uso de palavras sexuais

CRENÇAS A RESPEITO DA SEXUALIDADE

Em seguida, ler uma série de enunciados sobre a sexualidade para pessoas com TCE. Marque se concorda ou não concorda com cada uma das afirmações.

	Concordo	Não concordo
Geralmente, pessoas que sofrem TCE não têm desejos sexuais.		
As pessoas que sofreram TCE geralmente têm uma capacidade reduzida para manter relações sexuais.		
As pessoas que sofreram TCE geralmente têm uma capacidade reduzida para ter prazer nas relações sexuais.		
Pessoas que sofreram TCE geralmente não são sexualmente atraentes.		
As pessoas que sofreram TCE não sentem o mesmo, sua emotividade é diminuída.		
Ter relações sexuais com uma pessoa que sofreu de TCE, na maioria dos casos, pode piorar o paciente.		
A sexualidade com uma pessoa com lesão cerebral geralmente é desagradável.		
Falar sobre sexualidade com pessoas com lesão cerebral desperta sua sexualidade adormecida.		
As pessoas que sofrem TCE geralmente são como crianças, especialmente no campo sexual.		
A maioria das pessoas que sofreram TCE não são capazes de administrar e viver uma sexualidade plena.		
Fisiologicamente, a resposta sexual de uma pessoa com lesão cerebral é diferente da de qualquer outra pessoa.		

	Concordo	Não concordo
A superproteção familiar é um fator que dificulta o pleno desenvolvimento da pessoa que sofreu TCE e, especificamente, sua sexualidade.		
Geralmente, pessoas que sofrem TCE não devem ter atividade sexual.		
Geralmente, pessoas que sofrem TCE não devem estar em um relacionamento.		
Geralmente, pessoas que sofrem TCE não devem se casar.		
Se uma pessoa com TCE tiver um filho, a criança herdará suas deficiências.		
Uma pessoa com TCE, quando mantem relações sexuais, pode chegar a perder o controle.		
A maioria das pessoas com TCE não tem capacidade para dar consentimento para manter relações sexuais.		
As pessoas que não tiveram relações sexuais antes do TCE não vão despertar sua sexualidade.		
As pessoas com TCE apenas podem ter um relacionamento com outra pessoa que tenha uma patologia parecida com a sua.		
A única forma de ter prazer é através da penetração.		
O TCE causa infertilidade.		
As pessoas com TCE, geralmente, não são capazes de crias filhos.		
A maioria das pessoas com TCE não pode ter um relacionamento estável pois não tem capacidade para dar consentimento para manter relações sexuais.		
O TCE não costuma trazer nenhum problema para a sexualidade.		
Pensar em sexo é inadequado para quem tem TCE.		

	Concordo	Não concordo
Não é justo que o/a parceiro/a continue com a pessoa doente, nessa situação (TCE).		
As pessoas que se relacionam com outras que apresentam TCE fazem isso por pena e não porque realmente querem estar com elas.		
As pessoas que têm relações sexuais com outras que apresentam TCE fazem isso por pena e não porque realmente querem estar com elas.		
Os brinquedos/acessórios sexuais não são indicados para pessoas com TCE.		
Problemas sexuais após TCE são temporários e irão melhorar com o tempo.		
Pessoas com TCE sempre serão dependentes.		

SESSÃO 1: TAREFA PARA CASA 1

* Fazer esta tarefa entes da sessão próxima sessão. Dedicar a ela o tempo que for necessário.

Definir o que é sexualidade. Lembre-se de fazê-lo de forma mais extensa e não apenas com uma palavra.

Sexualidade para mim é ______________________________

____

____

____

____

____

____

____

____

____

____

____

____

____

____

____

____

SESSÃO 2

2

SLIDE 1

Objetivos da sessão

1. Esclarecer a que nos referimos quando falamos de sexualidade.
2. Explicar a relação que existe entre a sexualidade e o funcionamento cerebral e entender por que esta relação fica afetada depois de um TCE.
3. Desconstruir alguns mitos e crenças que existem em nossa sociedade sobre a sexualidade de pessoas com TCE.

SLIDE 2

Definição

A sexualidade é um aspecto central do ser humano que envolve o sexo, a identidade de gênero, a orientação sexual, o erotismo, o prazer, a intimidade e a reprodução.

A sexualidade é vivenciada e expressada mediante pensamentos, fantasias, desejos, crenças, atitudes, valores, comportamentos, práticas, papeis e relações.

SLIDE 3

Os sentidos e o cérebro

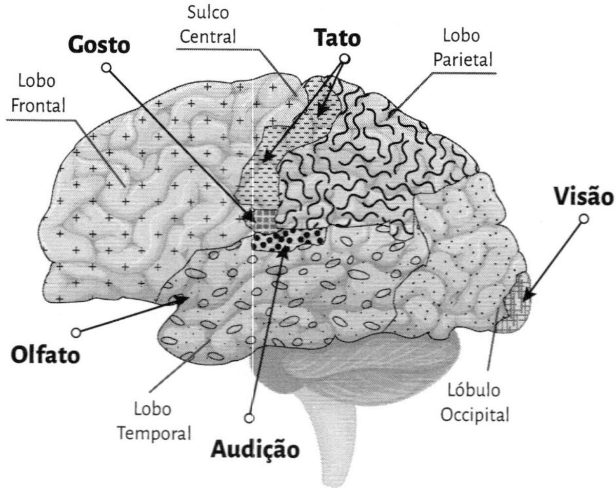

SLIDE 4

Linguagem

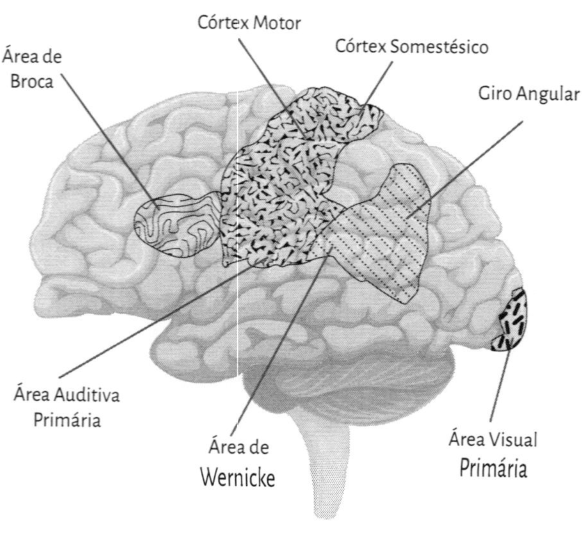

SLIDE 5

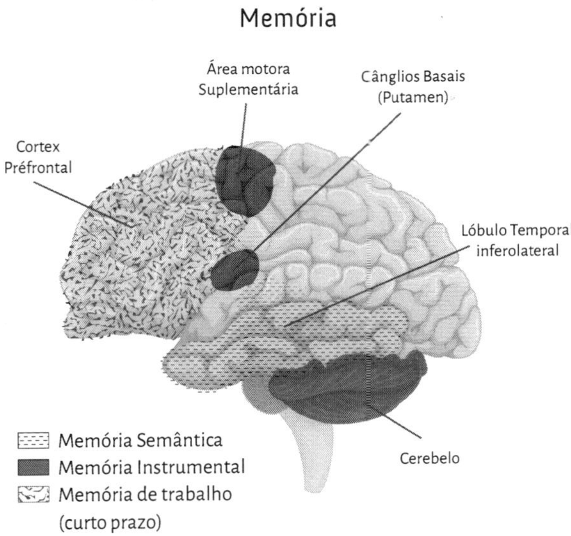

SLIDE 6

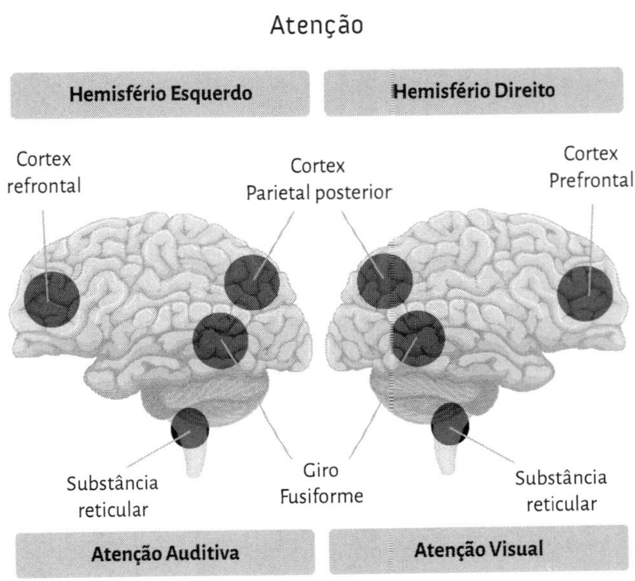

SLIDE 7

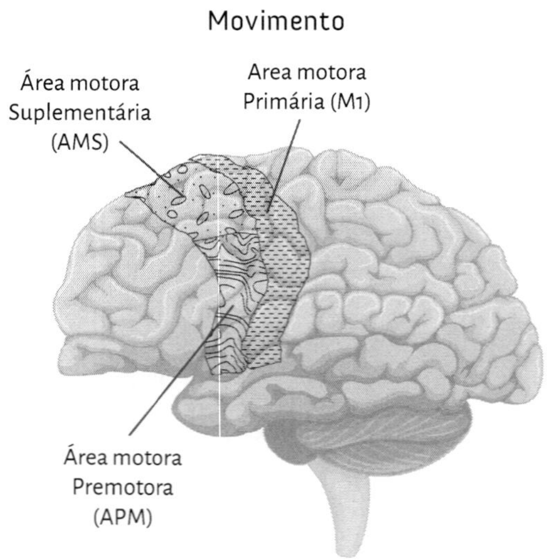

SLIDE 8

Alteração sensoriais	Dor
Dores de cabeça	Paralisia
Fadiga	Problemas urogenitais (p. ex. ereção, secura)
Convulsões	Problemas motores
Náuseas	Problemas para dormir

SLIDE 9

Sequelas emocionais	
Ira	Depressão
Estresse pós-traumático	Alterações bruscas de humor
Apatia (falta de motivação)	Ansiedade
Mudança de personalidade	Baixa autoestima

SLIDE 10

Sequelas cognitivas	
Atenção e concentração	Planejamento
Desorientação	Linguagem
Velocidade de Processamento	Aprendizagem e memória

SLIDE 11

Sequelas comportamentais	
Agressividade	Falta de inibição/ impulsividade
Verborragia	Desorganização
Consumo compulsivo de tóxicos e medicamentos	

SLIDE 12

Jogo do semáforo (Mitos e crenças)

SLIDE 13

✔ O solo fica molhado quando chove

SLIDE 14

✖ As pessoas com traumatismo cranioencefálico não têm desejo sexual.

SLIDE 15

- Vários estudos (Ponsford, 2003; Strizzi et al., 2015, 2017) relataram que o desejo sexual de pacientes com traumatismo cranioencefálico (TCE) costuma ser menor quando comparado a pessoas saudáveis, mas nenhum estudo demonstrou ausência total de desejos sexuais.

SLIDE 16

✖ As pessoas que sofrem um ferimento na cabeça não são atraentes.

SLIDE 17

- Não existe razão para um traumatismo cranioencefálico influenciar a atratividade de uma pessoa.
- Não esqueça que considerar uma pessoa atraente ou não é algo subjetivo. Para uma pessoa alguém pode ser extremamente atraente e para outra não.
- Existem pessoas conhecidas que também sofreram traumatismo cranioencefálico e ainda são atraentes:
    - Andrea Bocelli (cantor)

- Julio Benítez (toureiro)
- Mauricio Martínez (jogador de futebol)
- Fernando Torres (jogador de futebol)

SLIDE 18

⊗ A maioria das pessoas com TCE não é capaz de administrar e viver uma sexualidade plena.

SLIDE 19

- A capacidade de gerir a vida em geral e, especificamente, a vida sexual, depende em parte da gravidade dos danos sofridos. Muitas pessoas são capazes de fazê-lo por conta própria e outras podem fazê-lo com a ajuda de um terapeuta.

SLIDE 20

⊗ Pessoas com TCE não podem escolher seu parceiro, elas têm que se contentar com a primeira pessoa que está interessada nelas.

SLIDE 21

- Esta é uma afirmação que não tem fundamento.
- Cada pessoa precisará de mais ou menos tempo para encontrar um/a parceiro/a (se quiser).
- Este período de tempo não depende se a pessoa sofreu ou não um traumatismo cranioencefálico.
- De qualquer forma, o ideal é escolher uma pessoa que nos atraia, demonstre amor e respeito.

SLIDE 22

✓ A diminuição da capacidade de ter orgasmos é o problema mais manifestado por mulheres com traumatismo cranioencefálico.

SLIDE 23

- Parece que a diminuição da capacidade de ter orgasmos é um dos problemas que as mulheres com traumatismo cranioencefálico mais manifestam em vários estudos...
  - ...ao comparar suas respostas com mulheres sem traumatismo cranioencefálico (Hibbard & Gordon, 2000; Strizzi et al., 2015).
  - ...ao comparar sua capacidade antes e depois de sofrer o traumatismo cranioencefálico (Kreutzer & Zasler, 1989).

SLIDE 24

✗ Pessoas que sofreram traumatismo cranioencefálico são procuradas apenas por sexo, não por um relacionamento de longo prazo.

SLIDE 25

- Atualmente, muitas pessoas fazem sexo casual.
- Às vezes, se não houver uma boa comunicação, podemos pensar ou fazer a outra pessoa pensar que o que ela procura com essas relações sexuais é manter um relacionamento estável, quando na realidade a única coisa que ela quer ou procura é sexo.

- Isso acontece com todas as pessoas, não se trata de ter sofrido um traumatismo craniano.
- É importante manter uma boa comunicação com a outra pessoa para não criar confusão.

SLIDE 26

⊗ Pessoas com traumatismo cranioencefálico sempre estão procurando ter relações sexuais.

SLIDE 27

- A verdade é que não existe evidência suficiente para sustentar esta informação.
- Como foi visto anteriormente, a maioria dos estudos mostra como o desejo sexual de pessoas com lesão cerebral traumática pode diminuir.
- Além disso, outros estudos, como o de Kreutzer & Zasler (1989) e Ponsford (2003), indicaram uma diminuição da frequência de relações sexuais nessa população.

SLIDE 28

✓ Pessoas com TCE têm os mesmos direitos sexuais que as pessoas que não apresentam TCE.

SLIDE 29

- Existem várias organizações internacionais que reconheceram e adotaram os direitos sexuais e reprodutivos das pessoas com deficiência:

- 14 Congresso Mundial de Sexologia, 26 de agosto de 1999
- Convenção Internacional sobre os Direitos das Personas com Deficiência (2006)
- Guia de recomendações gerais sobre a Promoção da Saúde Sexual y Reprodutiva das Personas com Deficiência da Organização Mundial de Saúde (2009)

SLIDE 30

⊗ Os brinquedos/acessórios sexuais não são indicados para pessoas com traumatismo cranioencefálico.

SLIDE 31

- Na verdade, brinquedos sexuais são recomendados para quem quiser fazer uso deles.
- Cada vez mais as empresas têm como alvo a população com algum tipo de deficiência.
- Essas empresas criaram uma gama de brinquedos que ajudam nas relações sexuais quando há alguma dificuldade.

SLIDE 32

✓ Mulheres com traumatismo cranioencefálico têm a mesma chance de engravidar que aquelas sem TCE.

SLIDE 33

- De acordo com o estudo Colantonio et al. (2010) mulheres com traumatismo cranioencefálico comparadas a mulheres sem traumatismo cranioencefálico...

- ...não apresentam mais problemas na hora de engravidar.
- ...são mais propensos a ter distúrbios menstruais (ciclos irregulares) e amenorreia (ausência de menstruação)
- ...tendem a ter mais dificuldades pós-parto

SLIDE 34

✓ O problema sexual mais comum em homens após traumatismo cranioencefálico são problemas de ereção.

SLIDE 35

- Parece que os problemas de ereção são um dos problemas que os homens com traumatismo cranioencefálico mais manifestam em vários estudos...
  - ...ao comparar suas respostas com homens sem traumatismo cranioencefálico (Hibbard & Gordon, 2000; Strizzi et al., 2017).
  - ...ao comparar sua capacidade antes e depois de sofrer o traumatismo cranioencefálico (Kreutzer & Zasler, 1989).

SLIDE 36

✗ A única de ter prazer é através da penetração.

SLIDE 37

- Não é necessário ter penetração para obter prazer sexual.
- Existem muitas outras maneiras de obtê-lo, como masturbação ou sexo oral.

ANEXO 1: SEXNAME

Letra	Palavras relacionadas com a sexualidade
A.	Adultério, afrodisíacos, amor, abstinência sexual, AIDS etc.
B.	Beijos, bissexualidade, *bondage*, *bukake*, brinquedos eróticos, bolas de pompoarismo, bacanal, broxar etc.
C.	Ciclo menstrual, clímax, calor, clitóris, relação sexual, preservativo, cunilíngua, corpo, chupar, chuva dourada etc.
D.	Desejo sexual, dildo, diafragma, ducha, doença etc.
E.	Ejaculação, ejaculação retrógrada, erotismo, ereção, escroto, esperma, excitação, estupro etc.
F.	Falo, fantasia, fértil, fimose, frênulo, felação, foder, feto, fetiche etc.
G.	Gay, genitais, glande etc.
H.	Herpes genital, heterossexual, hímen, homossexualidade etc.
I.	Infertilidade, impotência, intimidade, instinto, etc.
J.	Jogos eróticos etc.
K	Kamasutra etc.
L.	Lábios, libido, lubrificantes, látex etc.
M.	Métodos contraceptivos, monte de Vênus, masturbação, massagem, mamilo etc.
N.	Nádegas, nervos, nabo etc.
O.	Orgasmo, ovário, ovulação, orgia etc.
P.	Pênis, pau, porra, platô, pílula, prazer, pelos pubianos etc.
Q.	Queer etc.
R.	Repressão, reto etc.
S.	Sadomasoquismo, sêmen, silhueta, saquê Wakame etc.
T.	Taoísmo, testículos, travesti, transexualidade, trio, etc.
U.	Útero, umbilical, unissexual
V.	Vagina, vulva, vibradores etc.
W.	Wet and messy (molhado e bagunçado) etc.
X.	Xenofilia etc.
Y.	Yoni etc.
Z.	Zonas erógenas, etc.

FOLHA DE TRABALHO 1

A seguir, você encontrará uma série de sequelas que os pacientes com traumatismo cranioencefálico costumam apresentar. Por favor, indique as sequelas que sente desde que sofreu o TCE.

Sequelas físicas

- Alterações sensoriais (por exemplo, problemas de audição, sensação de formigamento)
- Dor de cabeça
- Fadiga (cansaço extremo)
- Convulsões
- Enjoo
- Dor
- Paralisia (não poder mover uma parte do corpo ou todo o corpo)
- Problemas urogenitais (por exemplo, ereção, secura)
- Problemas motores (por exemplo, dificuldade para se mover, pegar objetos...)
- Problemas para dormir

Sequelas emocionais

- Raiva
- Estresse pós-traumático (nervosismo ao lembrar do evento estressante)
- Apatia (desmotivação)
- Mudança de personalidade
- Depressão
- Alterações bruscas no estado de ânimo
- Ansiedade
- Baixa autoestima

Sequelas cognitivas

- Atenção e concentração
- Desorientação (tempo, lugar e/ou pessoa)
- Velocidade de processamento (lentidão para entender ou fazer algo)
- Planejamento, organização
- Linguagem
- Aprendizagem e memória

Sequelas comportamentais

- Agressividade
- Verborragia (não conseguir parar de falar)
- Consumo compulsivo de tóxicos ou medicamentos
- Desinibição/impulsividade
- Desorganização

SESSÃO 2: TAREFA PARA CASA 2

* Fazer esta tarefa antes da sessão próxima sessão. Dedicar a ela o tempo necessário.

Identifique, em seu cotidiano, as coisas que podem estar relacionadas à sexualidade.

1. ____

2. ____

3. ____

4. ____

5. ____

RESUMO DA SESSÃO 2: PSICOEDUCAÇÃO

Nesta sessão aprendemos...

Que a sexualidade é um conceito muito amplo e que não se concentra exclusivamente na parte genital ou nas relações sexuais.

De acordo com a Organização Mundial da Saúde (OMS, 2006), a sexualidade é um aspecto central do ser humano que envolve o sexo, a identidade de gênero, a orientação sexual, o erotismo, o prazer, a intimidade e a reprodução. A sexualidade é vivenciada e expressada mediante pensamentos, fantasias, desejos, crenças, atitudes, valores, comportamentos, práticas, papeis e relações.

Relação entre cérebro e funcionamento sexual

Também pudemos aprender que a relação entre o cérebro e o funcionamento sexual é muito próxima. Nosso cérebro controla os aspectos mais simples de nosso cotidiano (visão, audição, paladar, olfato), mas também aspectos mais complexos, como linguagem, memória e movimento. Todos esses aspectos são fundamentais para a sexualidade. É por isso que, após um traumatismo cranioencefálico, a sexualidade pode ser afetada.

As sequelas mais comuns relatadas pelos pacientes com traumatismo cranioencefálico são:

- Físico: alterações sensoriais, tonturas, dores de cabeça, fadiga, convulsões, dor, paralisia, problemas urogenitais (por exemplo, secura, ereção), problemas motores e problemas de sono.

- Emocionais: ira, estresse pós-traumático, apatia (desmotivação), mudança de personalidade, depressão, alterações bruscas no estado de ânimo, ansiedade y baixa autoestima.
- Cognitivos: atenção e concentração, desorientação, velocidade de processamento, planejamento, organização, linguagem, y aprendizagem e memória.
- Comportamentais: agressividade, palavreado, consumo compulsivo de tóxicos ou medicamentos, desinibição, impulsividade e desorganização.

Mitos sobre sexualidade e traumatismo cranioencefálico

Mitos	Verdadeiro ou Falso
As pessoas com traumatismo cranioencefálico (TCE) não têm desejo sexual.	Falso
As pessoas que sofrem um traumatismo cranioencefálico não são atraentes.	Falso
A maioria das pessoas com traumatismo cranioencefálico não é capaz de administrar e viver uma sexualidade plena.	Falso
Pessoas com traumatismo cranioencefálico não podem escolher seu parceiro, elas têm que se contentar com a primeira pessoa que está interessada nelas.	Falso
A diminuição da capacidade de ter orgasmos é o problema mais manifestado por mulheres com traumatismo cranioencefálico.	Verdadeiro
Pessoas que sofreram traumatismo cranioencefálico são procuradas apenas por sexo, não por um relacionamento de longo prazo.	Falso
Pessoas com traumatismo cranioencefálico sempre estão procurando ter relações sexuais.	Falso
Pessoas com TCE têm os mesmos direitos sexuais que as pessoas que não apresentam TCE.	Verdadeiro
Os brinquedos/acessórios sexuais não são indicados para pessoas com traumatismo cranioencefálico.	Falso
Mulheres com traumatismo cranioencefálico têm a mesma chance de engravidar que aquelas sem TCE.	Verdadeiro
O problema sexual mais comum em homens após traumatismo cranioencefálico é o de ereção.	Verdadeiro
A única forma de ter prazer é através da penetração.	Falso

SESSÃO 3

3

SLIDE 1

Objetivo da sessão

- Entender como nosso estado de ânimo afeta a sexualidade.
- Obter ferramentas para melhorar nosso estado de ânimo, trabalhando na forma de pensar e agir.
- Obter ferramentas para resolver os problemas sexuais.
- Aumentar a autoestima.

SLIDE 2

Exemplo de Maria

- Por exemplo, vamos imaginar Maria [mostrar o slide 2] cresceu em um ambiente onde realizar atividades sozinha era algo ruim, pois isso poderia demonstrar que não tinha amigos. Vamos imaginar que ela gostaria de ir a uma aula de culinária. O mais provável é que não tenha quem a acompanhe e prefira ficar em casa porque sua maneira de raciocinar será: "Se eu for sozinha no curso, as outras pessoas vão pensar que eu não tenho amigos".

SLIDE 3

Exemplo de Clara

- Clara, uma jovem de 25 anos que sofreu um TCE, foi convidada para uma festa no final de semana, na qual pediram que levasse uma companhia. Clara convidou três de seus amigos, mas nenhum pode acompanhá-la. Clara se sentiu muito triste, pensando que nenhum de seus amigos quis sair com ela porque tinha vergonha ou pelo que as outras pessoas poderiam pensar. A partir disso, Clara não voltou a ir a nenhuma festa se não fosse convidada por algum amigo.

SLIDE 4

Exemplo de Clara: resposta

Evento	Pensamento	Sentimento	Atitude
Clara quer ir à festa acompanhada, mas ninguém quer acompanhá-la.	Nenhum amigo que sair comigo desde que sofri o TCE.	Muito triste.	Não convidar mais nenhum amigo para sair e não sair se não for convidada por alguém.

SLIDE 5

Exemplo de Luís

- Luís, um menino que teve um TCE e ficou com graves dificuldades de linguagem, vê uma garota por quem se sente atraído em uma festa e decide abordá-la para que possam conversar. Poucos minutos depois de conversar com a garota, ela diz que precisa ir embora e que sente muito. Luís se sente frustrado consigo mesmo, pois acha que, devido aos seus problemas de comunicação, nunca mais poderá ter relações sexuais com uma garota. Desde então, Luís decide não tentar estabelecer novamente conversas com mulheres em nenhuma festa.

SLIDE 6

Exemplo de Luís: resposta

Evento	Pensamento	Sentimento	Atitude
A jovem vai embora da festa.	Luís pensou que nunca voltaria a ter relações sexuais por causa de seu problema de linguagem.	Luís se sentiu frustrado.	Não tentaria mais ter relações sexuais.

SLIDE 7

Exemplo de Francisca

- Há um ano, Francisca sofreu um TCE. Uma noite ela tenta fazer sexo com o marido, mas ele diz que está muito cansado, então ela para de tentar. Francisca se sente muito mal porque acha que desde que teve o TCE não é mais atraente para o marido. A partir desse momento, Francisca não toma a iniciativa na hora de fazer sexo. Ela só faz sexo se o marido menciona isso para ela.

SLIDE 8

Exemplo de Francisca: resposta

Evento	Pensamento	Sentimento	Atitude
O marido diz que está muto cansado.	Francisca pensa que não é mais atraente para o marido.	Tristeza.	Não tomar a iniciativa. Esperar que o marido mencione o tema do sexo.

SLIDE 9

Passos para resolver problemas

- Qual é o problema?
- Possíveis soluções
- Avaliação das soluções
- Ordenar as soluções, da melhor para a pior
- Escolher a melhor solução
- Colocar a solução em prática
- Avaliar o resultado

SLIDE 10

Exemplo de Borja

- Desde que sofreu um traumatismo cranioencefálico, Borja não consegue mais ter ereções, por isso está sofrendo, pois acredita que não é capaz de proporcionar prazer sexual a sua esposa.

SLIDE 11

Vamos ajudar Borja a resolver o problema

- Qual é o problema?
- Possíveis soluções
- Avaliação das soluções
- Escolher a melhor solução
- Colocar a solução em prática
- Avaliar o resultado

SLIDE 12

Autoestima: frases negativas

1. Esta cicatriz fica horrível em você. Esconda esta cicatriz com alguma coisa.
2. Dá vergonha sair com você! Depois do TCE, você está falando tão esquisito e devagar...
3. Você é um inútil, depois do TCE, não serve para nada.
4. Se continuar assim, ninguém vai gostar de você.
5. Andando de cadeira de rodas, ninguém vai querer sair com você.
6. Deixa quieto, não precisa fazer; eu faço, porque vai dar menos trabalho.
7. Não pegue o bebê! Desde a lesão você está muito desajeitado e pode machucá-lo.

SLIDE 13

Autoestima: Frases positivas

1. Cada dia você se esforça mais para se recuperar.
2. Você soube tirar o melhor da situação, como, por exemplo, passar mais tempo com o/a seu/sua parceiro/a.
3. Você continua com o mesmo sorriso.
4. Você ajuda muito levando as crianças à escola enquanto eu vou ao trabalho. Muito obrigada.
5. Que habilidade você tem!
6. Você é um bom amigo/a, irmão/ã/ parceiro/a...
7. Desde que começou a fazer reabilitação, você melhorou muito!

SESSÃO 3: FOLHA DE TRABALHO 1

Abaixo, você encontrará uma série de tabelas divididas em Evento, Pensamento, Emoção e Comportamento. Sua tarefa será identificar o que aconteceu nessa história, qual pensamento a protagonista teve, quais emoções sentiu e quais decisões tomou.

Caso de Clara

Evento	Pensamento automático	Emoção	Atitude	Pensamento alternativo

Caso de Luís

Evento	Pensamento automático	Emoção	Atitude	Pensamento alternativo

Resolução de Problemas

1. Qual é o problema?

____

____

2. Possíveis soluções e avaliação das soluções

Possível solução	Vantagens	Desvantagens	Ranking

3. Escolher a melhor solução
4. Colocar a solução em prática
5. Avaliar o resultado

Caso de Francisca

Evento	Pensamento automático	Emoção	Atitude	Pensamento alternativo

Resolução de Problemas

1. Qual é o problema?

____

____

2. Possíveis soluções e avaliação das soluções

Possível solução	Vantagens	Desvantagens	Ranking

3. Escolher a melhor solução
4. Colocar a solução em prática
5. Avaliar o resultado

SESSÃO 3: FOLHA DE TRABALHO 2

Em seguida, você terá que pensar nas qualidades (físicas, de personalidade etc.) que você perdeu e que você mantém após o TCE, bem como em suas novas qualidades.

Qualidades que...				
Tenho ou tive	Perdi depois do TCE	Conservo depois do TCE	Desenvolvi depois do TCE	Outras pessoas veem em mim (preencher na sessão 5)

SESSÃO 3: TAREFA PARA CASA 3

	Qualidade	Como me sinto?	Como meu entorno reage?
Segunda-feira			
Terça-feira			
Quarta-feira			
Quinta-feira			
Sexta-feira			
Sábado			
Domingo			

RESUMO DA SESSÃO 3: FUNCIONAMENTO PSICOLÓGICO E SEXUALIDADE DEPOIS DO TRAUMA DE CRÂNEO

Nesta sessão aprendemos...

Na área da sexualidade, muitas das alterações apresentam um forte componente psicológico. Ou seja, na maioria dos casos, as pessoas com TCE poderiam ter uma vida sexual adequada; entretanto, a interpretação que fazem da situação pode desencadear essas alterações.

Mudando nosso estilo de pensamento

As experiências passadas determinam em grande parte o estilo que pensamento e a forma com a qual interpretamos as coisas que acontecem em nosso dia a dia. Esses estilos de pensamento estão muito arraigados e, muitas vezes, diante de determinadas circunstâncias, podem ser ativados de forma automática, fazendo com que certas emoções e comportamentos apareçam.

Por exemplo, no caso de Luís, ele pensou que a garota havia saído da festa por causa de seus problemas de linguagem, o que o levou a se sentir frustrado e decidir não tentar mais flertar com mulheres. Também vimos que, se mudarmos nossa maneira de pensar, poderemos nos sentir melhor.

Resolução de Problemas

Para nos sentirmos melhor, podemos encontrar comportamentos alternativos que nos levassem a solucionar o problema. Os passos a serem seguidos para resolver um problema são...

1. Qual é o problema?
2. Possíveis alternativas para resolver o problema
3. Avaliação das soluções
4. Ordenar as soluções, da melhor para a pior
5. Escolher a melhor solução para ser colocada em prática
6. Avaliar a solução.

Um exemplo que vimos na sessão para colocarmos em prática esses passos é:

Desde que sofreu um traumatismo cranioencefálico, Borja não conseguiu mais ter ereções, por essa razão está sofrendo, pois acredita que não é capaz de proporcionar prazer sexual a sua esposa.

- **Qual é o problema?**

O problema principal de Borja não é a falta de ereção, mas não poder satisfazer sua mulher.

- **Possíveis soluções**

Praticar mais sexo oral
Masturbar sua parceira
Introduzir novos "brinquedos"
Ir a terapia

- **Avaliar das soluções**

Devem ser avaliados os prós e contras a curto e a longo prazo de cada solução, levando em consideração o esforço envolvido para colocá-la em prática, o custo econômico envolvido etc. Por exemplo, uma desvantagem de fazer sexo oral é que a pessoa pode não gostar do cheiro/sabor. As vantagens poderiam ser proporcionar prazer, não se expondo ao risco de uma gravidez indesejada etc.

- **Escolher a melhor solução**

Devemos ordenar as soluções, levado em consideração os prós e os contras, de forma que as que apresentem mais prós estejam nos primeiros lugares.

- **Colocar a solução em prática**

Escolher a primeira solução de acordo com o ranking e colocá-la em prática.

- **Avaliar do resultado**

Depois de aplicar a solução, devemos observar se o problema foi resolvido. Caso não tenha sido resolvido, passar para a segunda melhor opção do ranking.

Fortalecendo nossa autoestima

Finalmente, vimos que a autoestima passa por altos e baixos todos os dias e que pode ser controlada. Aprendemos que um mesmo comentário afeta as pessoas de jeitos diferentes e, portanto, devemos buscar aquelas afirmações que servem para nos fortalecer e cuidar da nossa autoestima.

Também aprendemos que as mudanças que sofremos na vida dão a oportunidade de adquirir novas qualidade e apreciar as que antes não valorizávamos. Depois do TCE existem algumas qualidades que mantivemos e até conseguimos desenvolver novas.

SESSÃO 4

4

SLIDE 1

Objetivo da sessão

1. Definir o que são habilidades sociais e como elas podem ser afetadas depois de um TCE.
2. Explicar os diferentes estilos de comunicação que as pessoas com TCE podem utilizar em diferentes momentos da vida, com o objetivo de melhorar as relações com as outras pessoas.
3. Apresentar técnicas que podem ser úteis para pessoas com TCE quando estabelecerem novas relações sociais.

SLIDE 2

Estilo agressivo

- Leva em consideração apenas os seus direitos e se esquece dos direitos dos outros.
- Utiliza expressões como: "você deveria saber...", a culpa é sua...", você é um...", "cale a boca" etc.
- Não é preciso necessariamente usar insultos para usar um estilo agressivo.

- O tom de voz é alto e ameaçador.
- O olhar é fixo e intimidador.
- Os gestos são enérgicos e bruscos.
- A postura corporal é intimidadora, invadindo muitas vezes o espaço do outro.

SLIDE 3

Estilo passivo

- Valoriza os direitos dos outros mais do que os próprios.
- Utilizam expressões como: "como você quiser...", tanto faz", "tudo bem, não tem problema", "faça do jeito que você quiser" etc.
- O tom de voz é baixo.
- O olhar é baixo e esquivo.
- Os gestos são suaves e retraídos.
- A postura corporal está direcionada para dentro: ombros caídos, corpo lânguido etc.

SLIDE 4

Estilo assertivo

- Leva em consideração seus direitos e os das outras pessoas.
- Utiliza expressões como: "eu acho...", "eu acredito que...", quando me diz isso, você me faz sentir...", estendo que você faça isso, mas eu gostaria que você..." etc.
- O tom de voz é firme, mas não forte.
- O olhar é fixo, mas não intimidador.
- Os gestos são enérgicos, mas não bruscos.
- A postura corporal é firme, mas não invasiva.

SESSÃO 4: FOLHA DE TRABALHO 1

Escreva qual estilo de comunicação é utilizado em cada um dos vídeos.

1. Na cena 1, quais estilos de comunicação cada protagonista utiliza e por quê? ______________________________

____

____

____

____

____

____

2. Na cena 2, quais estilos de comunicação cada protagonista utiliza e por quê? ______________________________

____

____

____

____

____

____

SESSÃO 4: FOLHA DE TRABALHO 2

Escreva, explicando com detalhes, todos os passos que deve seguir para convidar uma pessoa para sair. Observe as seguintes questões:

- Quem você vai convidar?
- Que horas é bom para vocês dois se encontrarem?
- Que roupa colocar?
- Quem vai pagar? A conta será dividida?
- Onde vai encontrar a outra pessoa?
- É adequado convidar mais pessoas para a atividade?
- É necessária mais alguma coisa para realizar a atividade?
- Como você vai se despedir da pessoa?
- Vai buscar a pessoa em casa?

1.____

____

2.____

____

3.____

____

4.____

____

5.____

____

6.____

____

SESSÃO 4: FOLHA DE TRABALHO 3

Planejar uma viagem de fim de semana com um/a amigo/a. Escreva todos os passos que deve seguir para isso.

1. ____

2. ____

3. ____

4. ____

5. ____

6. ____

ANEXO 1: ELEMENTOS NA COMUNICAÇÃO

Possíveis respostas dadas na chuva de ideias sobre os elementos que interferem na comunicação

- O olhar
- O sorriso
- O tom de voz
- O ritmo de falar
- Os silêncios
- Os gestos
- A postura corporal
- As palavras
- Os duplos sentidos das palavras
- A distância ou a aproximação física com a pessoa
- A expressão facial geral
- Os movimentos das mãos
- O nível de energia
- A roupa que estamos vestindo
- O lugar onde estamos
- Etc.

SESSÃO 4: TAREFA PARA CASA

Procurar uma atividade social que seja agradável: pode ser ir ao cinema, dar um passeio, fazer compras ou qualquer outra. Depois de selecionar a atividade, procurar uma pessoa que você goste, ou seu próprio parceiro/a, para compartilhar essa atividade. Planejar todos os passos necessários para realizar a atividade com essa pessoa. Quando ligar para a pessoa, convide-a e faça a atividade com ela, utilizando o estilo de comunicação assertivo.

Os passos a seguir são...

1. ______________________________
____

2. ______________________________
____

3. ______________________________
____

4. ______________________________
____

5. ______________________________
____

6. ______________________________
____

7. ______________________________
____

8. ______________________________
____

9. ______________________________
____

10. ______________________________
____

RESUMO DA SESSÃO 4: HABILIDADES SOCIAIS (COMUNICAÇÃO E SEDUÇÃO) PARA PESSOAS COM TCE (PRIMEIRA PARTE)

Nesta sessão aprendemos...

Que habilidades sociais são todas as atitudes utilizadas para nos relacionarmos com aqueles que nos rodeiam. Depois de um traumatismo cranioencefálico, essas habilidades podem ficar alteradas, mas, como são habilidades, podemos trabalhar para que se desenvolvam.

Diferentes elementos intervêm na comunicação com os outros: o que se diz, como se diz, gestos, tom de voz, postura corporal, entre outros. Dependendo de como esses elementos são usados, podemos diferenciar três estilos de comunicação:

- Estilo agressivo: a pessoa que utiliza este estilo de comunicação leva em consideração apenas seus próprios direitos, prestando pouca atenção ao que querem as outras pessoas. Pode utilizar expressões como: "você deveria saber...", a culpa é sua...", você é um...", "cale a boca" etc. Não é necessário insultar para ser agressivo. O tom de voz é alto e ameaçador; o olhar é fixo e os gestos são enérgicos e bruscos. Além disso, a postura corporal é intimidadora, invadindo muitas vezes o espaço do outro.
- Estilo passivo: as pessoas que utilizam esse estilo tendem a valorizar muito os direitos dos outros, muitas vezes mais do que os próprios. Costumam se comunicar utilizando expressões como: "como você quiser...", tanto faz", "tudo bem, não tem problema", "faça do jeito que você quiser" etc. Seu tom de voz é baixo e não costuma olhar nos olhos de forma direta. Os gestos são retraídos

e a postura corporal demonstra passividade: os ombros são caídos, o corpo é lânguido etc.

- Estilo assertivo: as pessoas que usam um estilo assertivo levam em consideração seus direitos e os dos demais e costumam utilizar expressões como: "eu acho...", "eu acredito que...", quando me diz isso, você me faz sentir...", estendo que você faça isso, mas eu gostaria que você..." etc. O tom de voz é firme, mas não forte, como no estilo agressivo. O olhar também é fixo, mas não intimidador, como no caso de uma pessoa de estilo agressivo. Os gestos são enérgicos, mas não são bruscos, e a postura corporal é firme, mas não invade o espaço pessoal do outro.

Consentimento e direitos

Também aprendemos que temos nossos direitos e devemos fazer com que eles sejam respeitados e, ao mesmo tempo, respeitar os dos outros. Um dos direitos mais importantes que temos é o poder de dizer "não" quando quisermos, não importa se já dissemos sim antes, podemos mudar de ideia a qualquer momento e isso deve ser compreendido. A mesma coisa acontece quando nos disseram inicialmente sim e, então, a pessoa muda de ideia. Devemos respeitar sua decisão instantaneamente, sem pressionar, chantagear, coagir ou insistir.

Planejar os eventos

Além de ter um estilo comunicativo adequado à situação social em questão, também é importante saber planejar e organizar corretamente os passos que temos que dar para que o encontro ocorra de forma satisfatória para todos, cuidando dos detalhes. É necessário pensar em coisas como:

- dia e hora
- roupa mais adequada
- é necessário dividir a conta?
- é preciso reservar o lugar?
- qual será o local de encontro com a outra pessoa?
- é adequado convidar mais pessoas para a atividade?
- é necessário levar algo para fazer a atividade?

SESSÃO 5

5

SLIDE 1

Objetivos da sessão

- Explicar o que são as habilidades de sedução e como utilizá-las para atrair outras pessoas.
- Distinguir os lugares mais adequados para poder conhecer pessoas que podemos gostar.
- Aprender a estabelecer uma conversa com todos os passos envolvidos: aproximação, apresentação, diálogo e despedida.
- Para aqueles que já têm um/a parceiro/a ou que terão um/a no futuro, será ensinado como manter um relacionamento estável.

SLIDE 2

Seduzir		Conquistar
Apenas para conseguir determinado objetivo: ter relações sexuais, ter um par, ter um affaire etc.	VS	É uma atitude, atitude de conquista na vida, atrair as pessoas para nós no sentido positivo, não necessariamente para ter relações sexuais.

SLIDE 3

Conquistar

- Consiste em saber oferecer a melhor versão de nós mesmos:
- Exibir as melhores virtudes;
- Aceitar aquelas não podemos mudar;
- Ampliar as capacidades não trabalhadas;
- Para isso, é necessário saber como conquisto e o que pode ser melhorado, e também o que nos atrai nas outras pessoas.

SLIDE 4

Por que escolheram esse cenário?

- Que roupa seria adequada para esse lugar?
- Com qual volume de voz deveriam falar?
- Qual a forma mais adequada de se aproximar de alguém nesse lugar?
- Nesse lugar, é normal que um estranho venha falar com vocês?
- Que frases seriam mais apropriadas para esse contexto?
- Quais atividades são realizadas nesse cenário? São em grupo os individuais?

SLIDE 5

Aproximação e apresentação

- Observar a situação e esperar o momento mais adequado para se aproximar.
- Por exemplo, se vir que a pessoa está falando com vários amigos que acabaram de chegar, não se aproximar para se apresentar. É preferível esperar que a pessoa esteja sozinha ou que a conversa esteja mais calma.
- Dependendo do lugar que estiver, é necessário adequar o tom de voz.
- Por exemplo, falar alto em uma danceteria, mas não em uma cafeteria.

SLIDE 6

Aproximação e apresentação

- Mesmo que nos aproximemos com outra desculpa, não deve demorar muito para dizermos a nosso nome e perguntarmos o da outra pessoa.
- Observem atentamente a linguagem não verbal.

SLIDE 7

Diálogo e despedida

- Uma vez que a conversa com outra pessoa começa, não apenas a frase inicial e a apresentação inicial que são importantes, mas também saber continuar a conversa.

- Para isso, é essencial saber escutar a outra pessoa para continuar o rumo da conversa e não monopolizar o diálogo, para não entediar a outra pessoa.
- Também temos que prestar atenção para não interromper enquanto o outro fala, olhar nos olhos, acenar com a cabeça enquanto fala conosco etc.

SLIDE 8

Diálogo e despedida

- Caso estejamos interessados na pessoa e notamos que ela está interessada em algo, é importante nos despedirmos e saber deixar nosso telefone, e-mail, redes sociais ou alguma forma de nos encontrarmos novamente.

SESSÃO 5: FOLHA DE TRABALHO 1

Escrever pelo menos três qualidades positivas de ______ ________________________________ (nome do participante)

Qualidades positivas	Nome 1º encontro: ________	Nome 2º encontro: ________	Nome 3º encontro: ________
1.			
2.			
3.			
4.			
5.			
6.			

SESSÃO 5: FOLHA DE TRABALHO 2

Selecione um dos planos, o íntimo ou o surpreendente/diferente, para colocar em prática com aquela pessoa especial. Depois, escreva o plano e pense em como colocá-lo em prática.

Escreva qual plano íntimo poderia colocar em prática com aquela pessoa especial.

____

____

____

____

____

____

Escreva qual plano surpreendente/diferente poderia colocar em prática com aquela pessoa especial.

____

____

____

____

____

____

Antes de colocar o plano em prática, leve em consideração os seguintes aspectos:

Que dia (ou dias) irá colocá-lo em prática?

____

À que horas? ____________________________________

É necessário planejar algo com antecedência? (por exemplo, reservar algum estabelecimento, comprar alguma coisa etc.)

Como chegar ao local marcado para a atividade? (por exemplo, de carro, ônibus etc.)

A pessoa com quem vou ao encontro precisa saber alguma informação sobre a data? (por exemplo, é necessário usar algum tipo de roupa especial, vocês estarão ausentes por vários dias etc.)

É necessária a ajuda de alguém para poder ter o encontro? (por exemplo, chamar a babá para tomar conta das crianças, emprestar o carro de alguém etc.)

____

____

____

____

____

____

Existe alguma sequela do TCE que você deva levar em consideração para realizar a atividade?

____

____

____

____

____

____

Como pode superá-la?

____

____

____

____

____

____

ANEXO 1: TAREFAS PARA REALIZAR COM O/A PARCEIRO/A

Radares positivos

Existem dois tipos de radares, os radares positivos e os negativos. Os radares positivos são aqueles que detectam situações agradáveis e os negativos são destinados a nos proteger dos perigos. Durante as próximas duas semanas, vocês devem ativar o radar positivo e apontar as coisas positivas feitas por seu/sua parceiro/a.

Essa tarefa ajuda a mudar o ponto de vista de casais que se acostumaram a concentrar sua atenção em tudo o que não gostam um no outro. A tarefa permitirá que você se concentre no positivo, enquanto a atenção do outro reforçará seus próprios comportamentos positivos.

Símbolos de carinho

Você deve procurar ou escolher um objeto cuja presença desperte os sentimentos positivos que um tem pelo outro, como algo que o lembre da época do namoro. O objeto escolhido deve ser colocado em um local visível da casa.

Esta tarefa visa recuperar os aspectos emocionais positivos em casais separados.

O álbum dos bons momentos

Nesta tarefa, você terá que fazer um álbum de fotos que englobe sua vida desde o início de seu relacionamento até o presente. As fotos devem representar os momentos mais especiais para criar com o álbum a história que vocês dois queiram lembrar do casal. Podem escrever ao lado das fotos.

Esta tarefa visa recuperar os aspectos emocionais positivos em casais.

Os 10 desejos

Deve-se colocar 10 desejos em um jarro (desejos pequenos, como ir ao cinema, preparar um jantar com sua comida favorita, receber uma massagem etc.) e, durante as 10 semanas seguintes, a outra pessoa tem que tornar esses desejos realidade.

A surpresa

Para esta tarefa, cada membro do casal deve preparar uma surpresa para o parceiro uma vez por semana. A surpresa tem que ser algo que você sabe que a outra pessoa realmente gosta.

O dia do amor

Consiste em escolher um dia da semana durante o qual, aconteça o que acontecer, vocês devem se comportar com bondade e amor um com o outro.

Pegue seu/sua parceiro/a

A tarefa consiste em flagrar a pessoa realizando coisas boas, que agradem vocês. Por uma semana, vocês terão que observar um ao outro e tentar pegar seu parceiro fazendo tudo que você gosta. Ao mesmo tempo, devem também tentar fazer o maior número de coisas agradáveis, para que a outra pessoa possa "pegar" você enquanto as está fazendo.

SESSÃO 5: TAREFA PARA CASA 5

Depois de marcar um encontro com aquela pessoa especial, anote todas as observações que gostaria de comentar na próxima sessão.

Observações: ______________________________________

____

____

____

____

____

____

____

____

____

____

____

RESUMO DA SESSÃO 5: HABILIDADES SOCIAIS (COMUNICAÇÃO E SEDUÇÃO) PARA PESSOAS COM TCE (2ª PARTE)

Nesta sessão aprendemos...

A diferença entre conquistar e seduzir. Seduzir é uma ação que tem um objetivo determinado: ter relações sexuais, companhia, um *affaire* etc. No entanto, conquistar é algo mais amplo, é uma atitude. Podemos ter em nossa vida uma atitude de conquista, no sentido de atrair pessoas de um modo positivo, não necessariamente para ter relações sexuais, mas aproximar qualquer pessoa (por exemplo, amigos/as, companheiros/as de trabalho, pessoas conhecidas.

De forma muito resumida, podemos dizer que conquistar consiste em saber oferecer a melhor versão de nós mesmos, ou seja, saber mostrar as melhores virtudes e qualidade que podem ser atrativas para a outra pessoa (por exemplo, atitudes, gostos similares etc.), e deixar para depois aquelas questões em que há discrepâncias. Trabalhar os aspectos que não podemos mudar e valorizar outros também pode nos ajudar a conquistar.

Para isso, o mais importante é conhecermos a nós mesmos, ou seja, saber como conquistamos e o que pode ser melhorado, e também o que nos atrai nas outras pessoas.

Por outro lado, aprendemos o que, nos outros, costuma ser mais sedutor para nós e o que os outros acham sedutor em nós e que as percepções dos outros em relação a nós nem sempre coincidem. Por exemplo, o que uma pessoa pode perceber como um defeito, outra pode perceber como uma virtude.

Onde conquistar e seduzir

Aprendemos também que existem diferentes lugares onde você pode conquistar e seduzir e que devemos levar em consideração as características de cada lugar para adaptar nosso comportamento. Devemos levar em consideração: Que roupa seria adequada usar nesse lugar? Com que volume de voz devemos falar? Qual forma seria a mais apropriada para se aproximar ou não de alguém? Nesse lugar, é normal que um estranho se aproxime para conversar? Quais frases seriam as mais apropriadas nesse contexto?

Os passos da sedução

Em cada momento da conquista, é importante levar em conta alguns aspectos.

- Aproximação e apresentação: Tentar causar uma boa primeira impressão (higiene, roupas adequadas à situação...), ter uma frase de apresentação preparada que seja adequada ao contexto e amigável, mas não invasiva, etc.
- Diálogo e despedida: Depois de iniciar uma conversa com outra pessoa, não apenas a frase introdutória e a apresentação inicial são importantes, mas também saber como continuar a conversa. Para isso, é essencial saber escutar a outra pessoa para continuar o rumo da conversa e não monopolizar o diálogo, para não entediar a outra pessoa, assim como buscar pontos em comum com a outra pessoa. A despedida também deve ser amigável e encontrar um método para manter contato, caso o encontro tenha corrido bem, como o telefone ou as redes sociais.

Em todas as fases será importante observar a reação da outra pessoa, tanto em sua linguagem verbal quanto não verbal, e agir de acordo com isso. Também é importante colocar em prática o estilo de comunicação assertivo que já conhecemos, quer sejamos aceitos ou rejeitados.

SESSÃO 6

6

SLIDE 1

Objetivo da sessão

- O objetivo desta sessão é redescobrir nosso corpo e a forma de sentir através dele.

SLIDE 2

Elementos a serem escolhidos para criar uma fantasia

- Cenário: por exemplo, a floresta, o mar, um auditório, uma casa abandonada, um táxi, o topo de uma montanha.
- Número de participantes: um, dois, três, quatro, cinco, mais de cinco.
- Elemento de exploração (escolha dois): por exemplo, desconhecidos, poder ser descoberto, algumas cordas para amarrar, mudança de papéis, fantasias, raças diferentes, mudança de orientação sexual.
- Elementos românticos: por exemplo, flores, aroma inebriante, música relaxante, sons da natureza, palavras amorosas.

SESSÃO 6: FOLHA DE TRABALHO 1

Preencha o quadro em branco, escolhendo um item da lista que aparece nos slides da apresentação.

Conteúdo	Material necessário
Cenário	
Número de participantes	
Elemento de exploração I	
Elemento de exploração II	
Elementos românticos	
Desenvolvimento	

Um exemplo possível seria: somos duas pessoas (número de participantes) na floresta (cenário), a pessoa que está comigo é um desconhecido que conheci naquele dia (elemento de exploração I). O campo está cheio de flores (elementos românticos), mas o interessante é que também há pessoas acampando por perto e elas podem nos descobrir (elemento de exploração II). Quando a gente chega naquela clareira na floresta, a gente não sabe que tem outras pessoas por perto e, quando a gente percebe, já é tarde demais (desenvolvimento)...

SESSÃO 6 TAREFA PARA CASA 6

Como estamos em grupo e não temos muita intimidade, vocês devem repetir todos os exercícios em casa, mas sem roupas. Podem explorar o corpo inteiro: seios, genitais, ânus, glúteos... e, se for possível, preparar um cômodo com os estímulos que trazem mais prazer a vocês. Por exemplo, estar em um quarto com música específica ou em uma banheira de água quente com champanhe e rosas. Quem tem um parceiro/a pode incluí-lo/a nesta atividade, explicando antecipadamente em que consiste e assim, descobrindo as sensações juntos, desde que a pessoa aceite participar. Da mesma forma, enquanto vocês fazem os exercícios, podem desenvolver a fantasia para a qual para qual selecionaram vários elementos na Folha de trabalho 1 ou até mesmo adicionar outros elementos às fantasias que surgem no momento.

Preencha o quadro em branco, escolhendo um item da lista que aparece nos slides da apresentação. Podem ser os mesmos que foram utilizados no exercício de hoje ou se escolhem outros:

Conteúdo	Material necessário
Cenário	
Número de participantes	
Elemento de exploração I	
Elemento de exploração II	
Elementos românticos	
Desenvolvimento	

SESSÃO 6: CORPORALIDADE

Nesta sessão aprendemos...

Conhecer e desfrutar do próprio corpo através de exercícios de respiração, relaxamento, fantasias e autoexploração.

Respiração

Prestar atenção a nossa respiração pode nos ajudar a identificar como estamos nos sentindo (por exemplo, falta de ar é sinal de nervosismo). A sessão está gravada para que você possa praticar a respiração pelo menos uma vez por dia. Lembre-se de procurar uma posição confortável antes de começar os exercícios.

Relaxamento

Outra das coisas mais importantes para desfrutar do próprio corpo é estar relaxado. Nessa sessão foram aprendidos vários exercícios que estão para que você possa praticar o relaxamento. Aprender a relaxar leva tempo, portanto, é recomendável praticar esses exercícios todos os dias. Lembre-se de procurar uma posição confortável antes de começar os exercícios.

Importância dos sentidos

Através dos cinco sentidos, recebemos muitos estímulos. Além disso, graças a eles podemos obter prazer. Por esta razão, foram criados exercícios para aprender a desfrutar de cada sentido separadamente e em conjunto, para obter o nível máximo de relaxamento e prazer. Esses exercícios também estão gravados. Lembre-se de procurar uma posição confortável antes de começar os exercícios.

Fantasias

Para potencializar o que experimentamos através dos sentidos, também podemos utilizar as fantasias eróticas os sexuais. Para desenvolver a fantasia podemos nos basear nos seguintes elementos e cenários:

Cenário: por exemplo, a floresta, o mar, um auditório, uma casa abandonada, um táxi, o topo de uma montanha.

Número de participantes: um, dois, três, quatro, cinco, mais de cinco.

Elemento de exploração (escolha dois): por exemplo, desconhecidos, poder ser descoberto, algumas cordas para amarrar, *role playing* (trocas de papéis), disfarces, raças diferentes, mudança de orientação sexual.

Elementos românticos: por exemplo, flores, aroma inebriante, música relaxante, sons da natureza, palavras amorosas.

Autossensibilização

A autossensibilização nos permite explorar nosso corpo, mas para isso precisamos primeiro estar relaxados. Se preferir, antes de iniciar os exercícios de autossensibilização, pode-se fazer os exercícios de respiração e relaxamento.

Os exercícios de autossensibilização podem ser feitos sozinhos ou acompanhados pelo/a parceiro/a se este concordar. Você também pode realizar os exercícios vestido/a ou nu. Para atingir o nível máximo de prazer, recomenda-se realizar os exercícios em um ambiente privado e seguro, com estímulos que produzam prazer para você ou seu/sua parceiro/a, caso esteja acompanhado/a (por exemplo, determinada música, banho quente, sabores, etc.). Além disso, você pode explorar todo o corpo, tanto o seu quanto o do/a parceiro/a: seios, genitais, nádegas...

Os exercícios de autossensibilização estão gravados. Lembre-se de procurar uma posição confortável antes de começar os exercícios.

SESSÃO 7

SLIDE 1

Objetivo da sessão

- Conhecer a resposta sexual humana
- Conhecer os tipos de interações sexuais
- Quais são as dificuldades que podem surgir após um TCE
- Soluções para superar essas dificuldades

SLIDE 2

Resposta sexual do homem

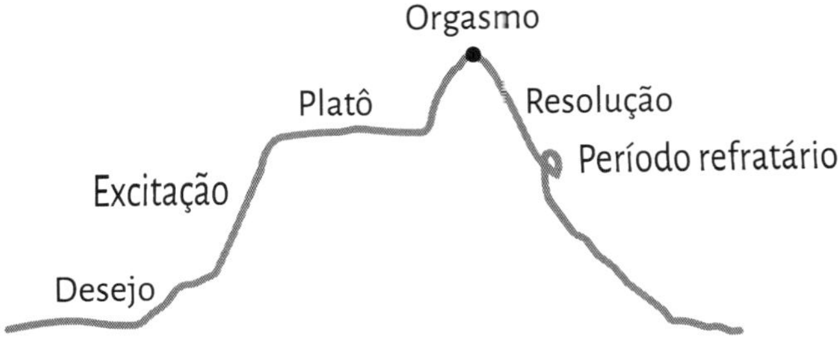

Fonte: Singer Kaplan, H.

SLIDE 3

Resposta sexual da mulher 1

Fonte: Singer Kaplan, H.

SLIDE 4

Resposta sexual da mulher 2

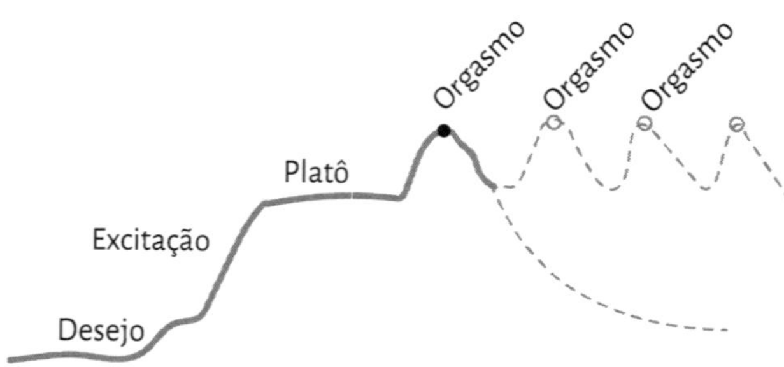

Fonte: Singer Kaplan, H.

SLIDE 5

Resposta sexual da mulher 3

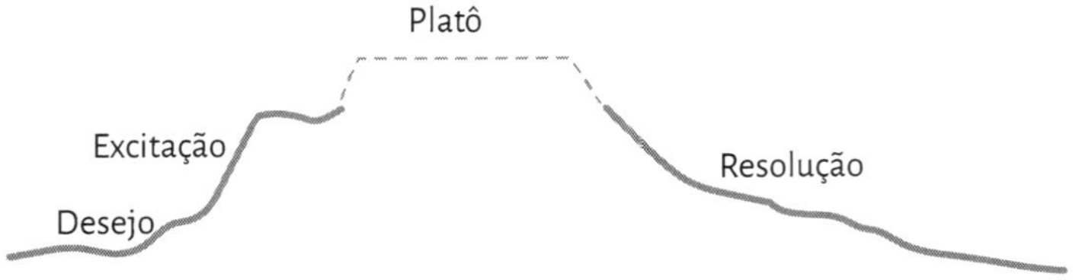

Fonte: Singer Kaplan, H.

SLIDE 6

Resposta sexual da mulher 4

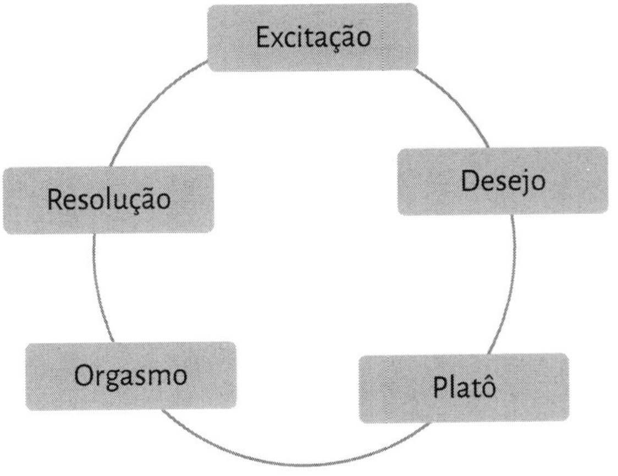

Fonte: Gráfico adaptado de Basson (2006)

SLIDE 7

Tipos de relações sexuais

- Masturbação
- Sexo oral
- Coito
- Sexo anal

SLIDE 8

Masturbação

A masturbação, tanto feminina quanto masculina, é a estimulação dos órgãos genitais para obter prazer sexual, podendo ou não atingir o orgasmo.

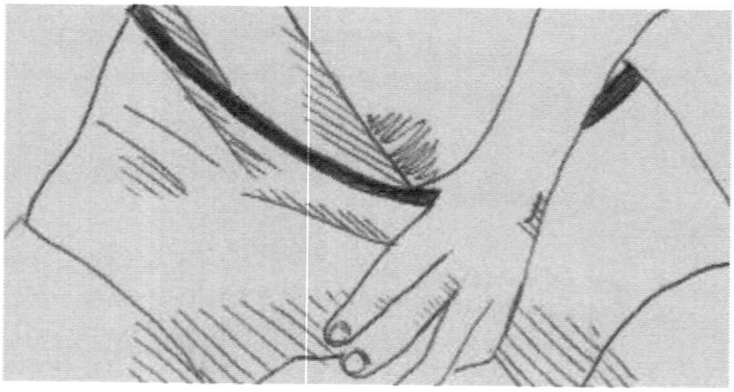

SLIDE 9

Passos para a masturbação masculina

1. Lubrificar o pênis e começar com carícias suaves.
2. As primeiras carícias devem ser ao redor do pênis. Então, passar para os testículos pouco a pouco até pegarmos o pênis.

3. A intensidade aumentará conforme desejado pela pessoa ou seu/sua parceiro/a nos disser.
4. A parte mais sensível é a glande, pode ser acariciada, fazendo círculos com o dedo.
5. Finalmente, pega-se o pênis nas mãos, como se estivesse sendo feito um círculo e o devem ser feitas carícias de cima para baixo.
6. Esse pode ser o final ou os movimentos do 1 ao 5 podem ser feitos quantas vezes a pessoa quiser.

SLIDE 10

Masturbação masculina

Cuidado!

- É preciso ter cuidado para não pegar o pênis de uma forma dolorosa.
- Quando o pênis é acariciado de cima para baixo, a mão deve deslizar, não agarrar, puxando o órgão.
- É preciso ter bastante cuidado com as unhas.
- A lubrificação também é muito importante e deve ser feita várias vezes.

SLIDE 11

Passos para a masturbação feminina

1. Não devemos tocar diretamente a vagina ou o clitóris. Deve ser iniciada suavemente pela parte de fora, em círculos (por exemplo, grandes lábios, monte de Vênus) até que esteja lubrificada.

2. A lubrificação é muito importante.
3. Aos poucos o círculo vai se fechando e as carícias passam para a vagina e o clitóris. Os dedos podem ser introduzidos um a um para que o espaço se dilate devagar, quando essa zona for ser explorada.
4. Quando um dos dedos estiver dentro, movê-los de dentro para fora, aumentando ou diminuindo a intensidade, como a mulher desejar, esteja ela ou outra pessoa fazendo esses movimentos.
5. Por fim, acariciar o clitóris de cima para baixo, em círculos... Especialmente na área do capuz clitoriano, uma das mais sensíveis.
6. Esse pode ser o final ou os movimentos do 1 ao 5 podem ser feitos quantas vezes a pessoa quiser.

SLIDE 12

Masturbação feminina

Cuidado!

- É preciso ter muito cuidado ao introduzir os dedos, já que as unhas podem machucar.
- Colocar os dedos um a um para que a vagina se dilate aos poucos.
- A higiene é fundamental, pois a vagina é muito sensível e pode haver infecções.
- A lubrificação também é muito importante e deve ser feita várias vezes.
- Quando o clitóris é acariciado, é importante que haja lubrificação e é melhor ir através do capuz do que diretamente no clitóris.

SLIDE 13

Felação

A felação é uma prática sexual na qual os órgãos genitais masculinos são estimulados com os lábios e a língua.

Passos

1. Com os lábios úmidos, começar beijando ao redor do pênis.
2. Aos poucos, aproxima-se mais do pênis, podendo começar estimulando os testículos, depois o tronco do pênis e, por último, a glande.
3. Pode-se lamber, beijar, chupar etc., e ajudar com as mãos para estimular de maneira similar à masturbação.

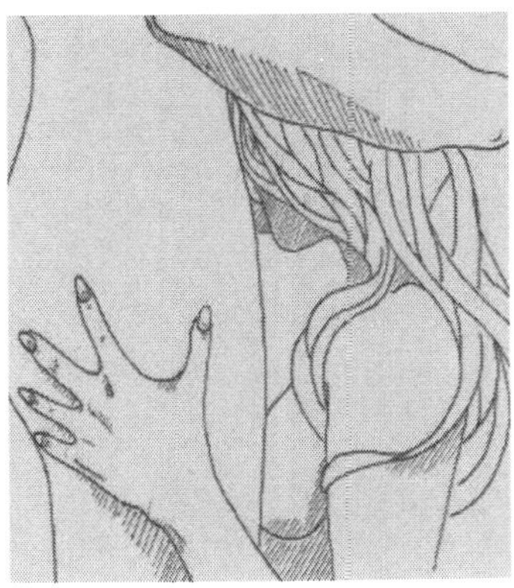

SLIDE 14

Felação

Cuidado!

- É preciso tomar cuidados com os dentes, pois eles podem machucar.

- Não se deve sugar com força, pois isso pode ser doloroso.
- Tomar precauções para evitar as infecções sexualmente transmissíveis.

SLIDE 15

Cunilingus (Cunilíngua)

Cunilingus (Cunilíngua) é uma prática na qual os órgãos genitais femininos são estimulados com os lábios e a língua.

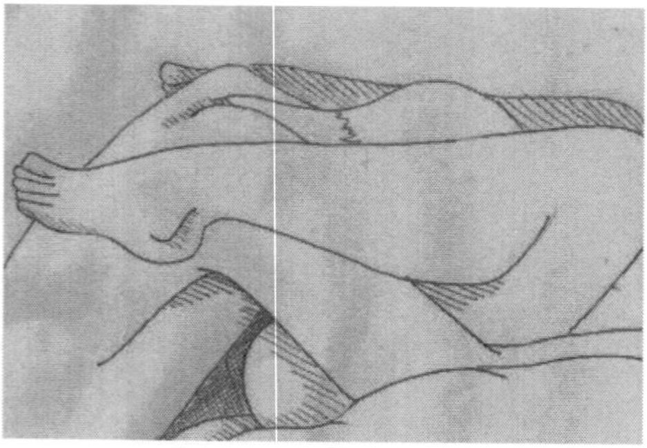

SLIDE 16

Passos

1. Com os lábios úmidos, começar a beijar ao redor da vagina.
2. Devagar no início, estimulando aos poucos a vagina e o clitóris com os lábios e a língua.
3. Sabendo que o clitóris é a parte mais sensível, pode-se tentar colocar a língua na vagina, mas isso não é necessário.
4. A intensidade deve ir aumentando, a atenção deve ser voltada para a mulher para que ela indique o que mais gosta.

5. Pode-se lamber, beijar, chupar etc., e ajudar com as mãos para estimular a vagina, por exemplo, de maneira similar à masturbação.

SLIDE 17

Cunilingus (Cunilíngua)

Cuidado!

- É preciso tomar cuidado com os dentes, pois eles podem machucar.
- Não se deve sugar com força, pois isso pode ser doloroso.
- Assim como a felação, é preciso tomar precauções para evitar as infecções sexualmente transmissíveis.

SLIDE 18

Anilingus (Anilíngua)

Anilingus (Anilíngua) é uma prática na qual o ânus é estimulado com os lábios e a língua.

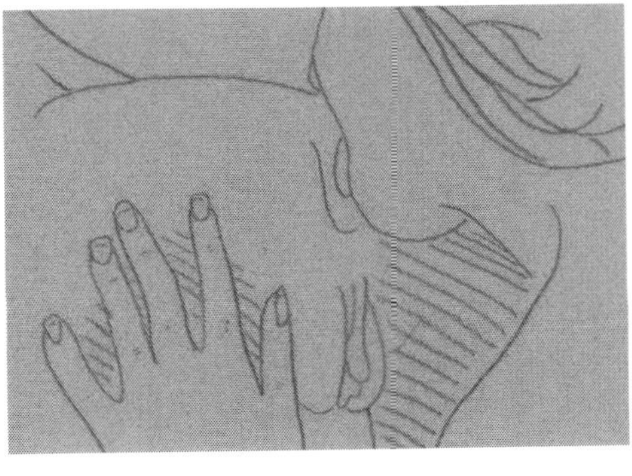

SLIDE 19

Passos

1. Com os lábios úmidos, começar a beijar ao redor do ânus.
2. Devagar no início, estimulando aos poucos o ânus com os lábios e a língua.
3. Pode-se introduzir a língua dentro do ânus, o/a parceiro/a deve decidir, mas para isso, é necessário dilatar ante o ânus com os dedos.
4. Sempre começar devagar, levando em consideração que a lubrificação é muito importante.
5. Pode-se lamber, beija, chupar etc.

SLIDE 20

Anilingus (Anilíngua)

Cuidado!

- A todo momento a higiene é importante, mas nessa prática é ainda mais.
- É preciso tomar cuidado com os dentes, pois eles podem machucar.
- Não se deve sugar com força, pois isso pode ser doloroso.
- Assim como nas práticas anteriores, é necessário tomar precauções para evitar as infecções sexualmente transmissíveis.

SLIDE 21

Coito

O coito consiste na introdução do pênis na vagina. Pode haver vários fins: o prazer, a reprodução ou ambos.

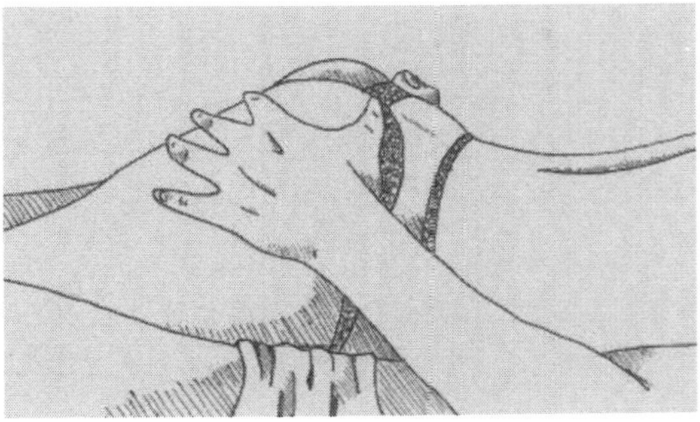

SLIDE 22

Passos

1. Antes de introduzir o pênis na vagina, é necessário ter certeza de que a vagina está bem lubrificada e o pênis, ereto. Isso pode ser conseguido colocando em prática o que foi visto anteriormente.
2. Não há posturas proibidas, a melhor é a que os envolvidos mais gostem e estejam cômodos.
3. Introduzir o pênis devagar, dando tempo para a vagina dilatar. Os primeiros movimentos devem ser lentos.
4. Depois o ritmo pode ser mudado, assim como a pressão da penetração, a postura etc.
5. É muito importante que o clitóris da mulher seja estimulado diretamente (com a mão, um brinquedo...) ou indiretamente (por fricção), pois é uma parte muito sensível e importante para atingir o orgasmo.

SLIDE 23

Coito

Cuidado!

- É preciso ter paciência, pois cada pessoa necessita de um tempo de excitação diferente.
- Pode-se usar lubrificante para ajudar na penetração e inserir primeiro um dedo e depois outro para que a vagina dilate mais facilmente.
- Não se deve esquecer que é uma prática entre dois, por isso devemos sempre ter em mente as sensações do/a parceiro/a e que é necessária a comunicação entre as duas pessoas.
- Assim como nas práticas anteriores, há o risco de contrair uma infecção sexualmente transmissível e de gravidez.

SLIDE 24

Sexo anal

O sexo anal consiste em penetrar o ânus com o pênis para ter prazer.

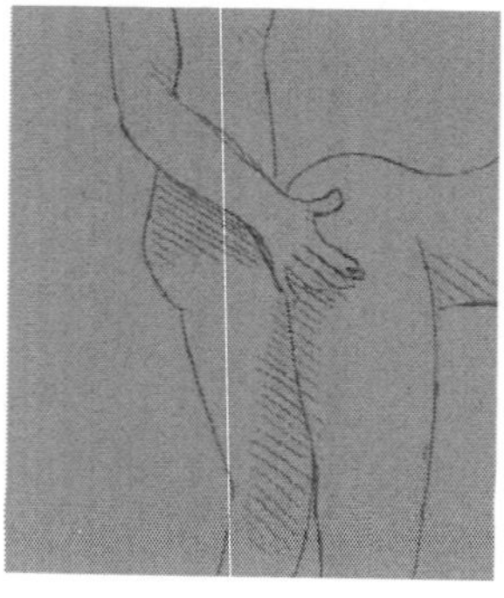

SLIDE 25

Passos

1. Antes de introduzir o pênis no ânus, é preciso saber que este não se dilata tão facilmente como a vagina e não tem identificação. Por essa razão, é preciso ter certeza que ele esteja lubrificado e dilatado.
2. Não há postura proibida, mas, a princípio, é indicado utilizar que permita uma penetração mais fácil e mais cômoda.
3. Introduzir o pênis devagar, dando tempo para o ânus dilatar, com os primeiros movimentos sendo feitos de forma mais lenta.
4. Depois o ritmo pode ser mudado, assim como a pressão da penetração, a postura etc.

SLIDE 26

Sexo anal

Cuidado!

- É preciso ter paciência, pois cada pessoa necessita de um tempo de excitação diferente.
- Deve-se usar lubrificante para ajudar na penetração e inserir primeiro um dedo e depois outro para que o ânus dilate mais facilmente. Um dildo também pode ser usado.
- Não se deve esquecer que é uma prática entre dois, então devemos sempre ter em mente as sensações do/a parceiro/a e que é necessária a comunicação entre as duas pessoas.

Essa é a prática que apresenta o maior risco de transmissão de doenças sexualmente transmissível, portanto, é necessário ter muita precaução.

A higiene nessa prática é muito importante.

SLIDE 27

Possíveis dificuldades

SLIDE 28

Transtornos sexuais mais frequentes em pessoas com TCE

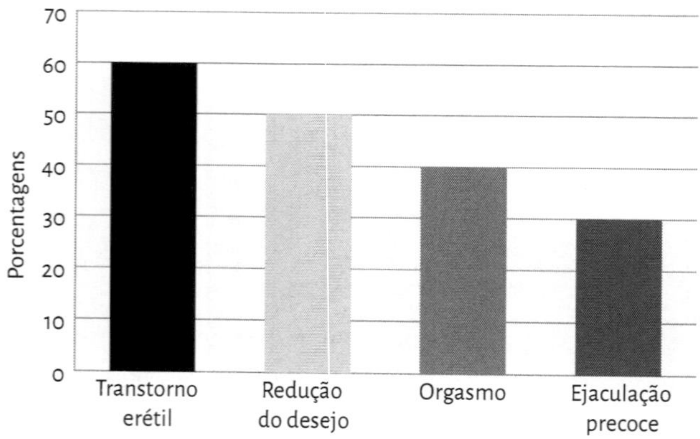

SLIDE 29

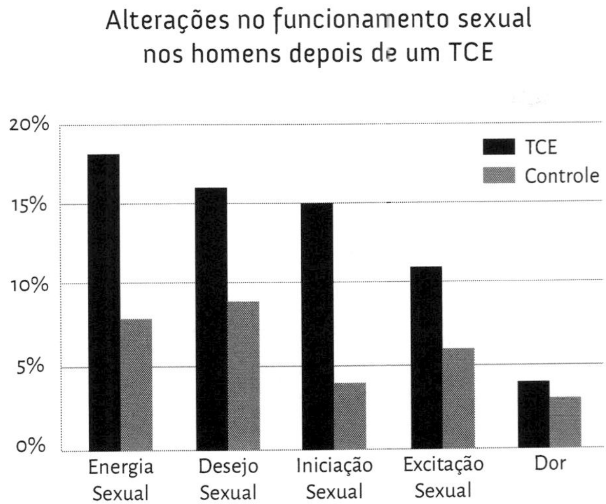

Fonte: Hibbard and Gordon, 2000.

SLIDE 30

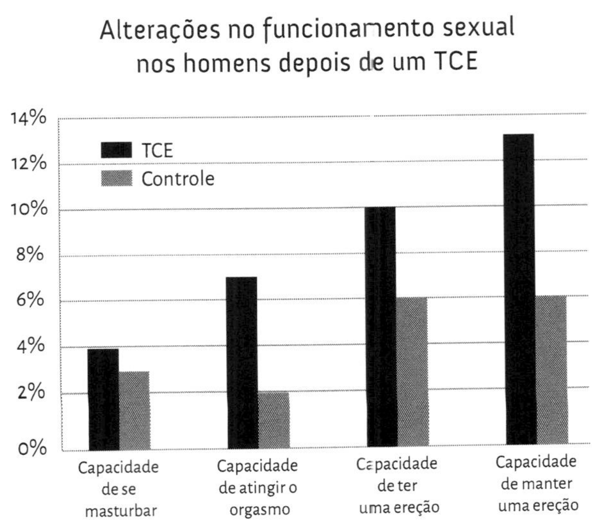

Fonte: Hibbard and Gordon, 2000.

SLIDE 31

Alterações no funcionamento sexual
em mulheres depois de um TCE

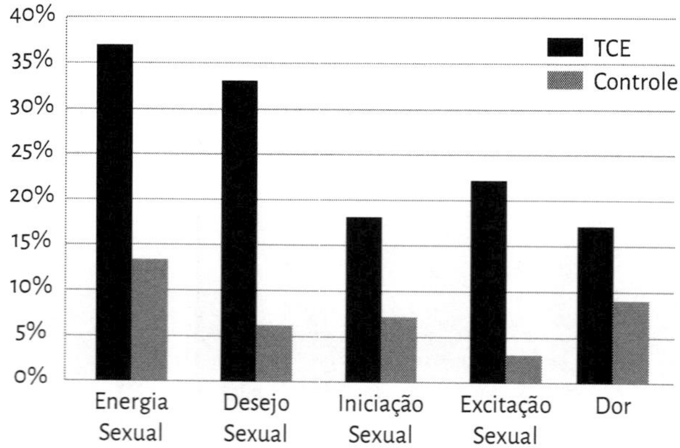

Fonte: Hibbard and Gordon, 2000.

SLIDE 32

Alterações no funcionamento sexual
em mulheres depois de um TCE

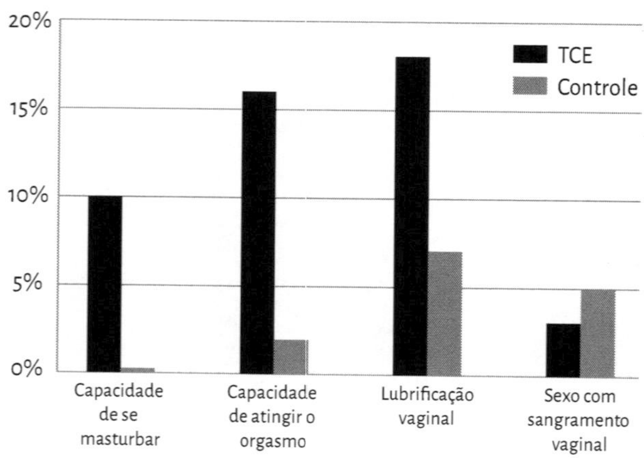

Fonte: Hibbard and Gordon, 2000.

SLIDE 33

Mudanças no funcionamento sexual em homens após a lesão cerebral

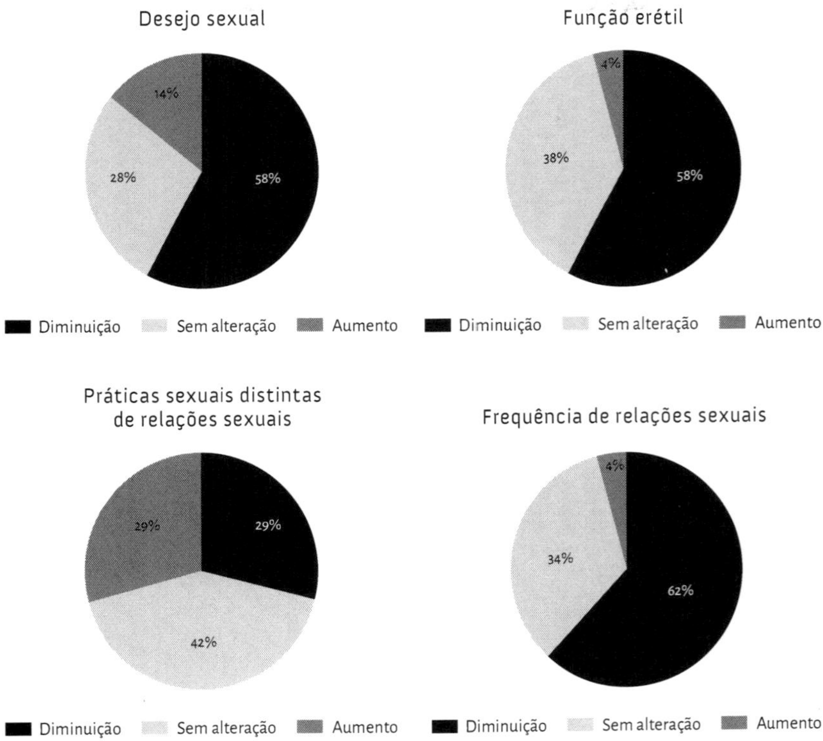

Fonte: Kreutzer & Zasler (1989).

SLIDE 34

Mudanças emocionais e na resposta sexual após a lesão cerebral

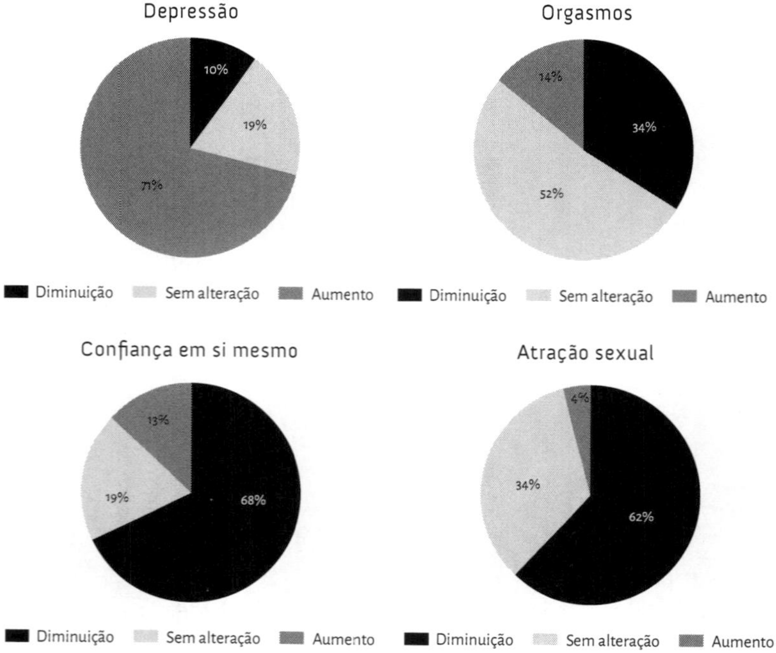

Fonte: Kreutzer & Zasler (1989).

SLIDE 35

Soluções

SLIDE 36

- Dor
- Lubrificantes
- Dilatação com dedos ou dilatadores
- Tomar nosso tempo

SLIDE 37

- Confiança em si mesmo
- Consultar um psicólogo, há terapia para isso e exercícios que ajudam as pessoas a confiarem novamente em si mesmas ou a enfrentar a falta de confiança de outra maneira.

SLIDE 38

Depressão

- Tratamento psicológico
- Tratamento médico

SLIDE 39

Dificuldade de conseguir e manter uma ereção

- Fantasia e autossensibilização
- Terapia psicológica
- Tratamento médico
- Terapia sexual

SLIDE 40

Ejaculação precoce

- Autossensibilização
- Terapia psicológica
- Tratamento médico
- Terapia sexual
- NÃO FAZER USO DE FANTASIAS ATÉ QUE SE CONSIGA CONTROLAR A EJACULAÇÃO

SLIDE 41

Diminuição da sensibilidade

- Autossensibilização
- Terapia psicológica
- Tratamento médico

SLIDE 42

Masturbação feminina

- Existem um enorme mercado de produtos para a masturbação feminina.
- Não apenas os grandes dildo em forma de pênis, mas também vibradores discretos e estimuladores de clitóris em forma de patos, morangos etc.
- Não é preciso se preocupar em inserir algo na vagina, já que é muito mais fácil sentir prazer e atingir o orgasmo estimulando o clitóris.

SLIDE 43

Masturbação masculina

- Podem ser usados diferentes aparelhos como masturbadores masculinos, bonecas infláveis etc. O uso de lubrificante continua sendo importante.

SLIDE 44

Posturas

SLIDE 45

SLIDE 46

SLIDE 47

SLIDE 48

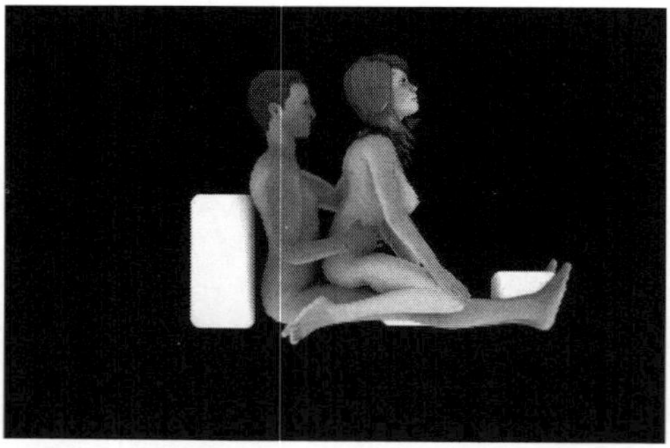

SLIDE 49

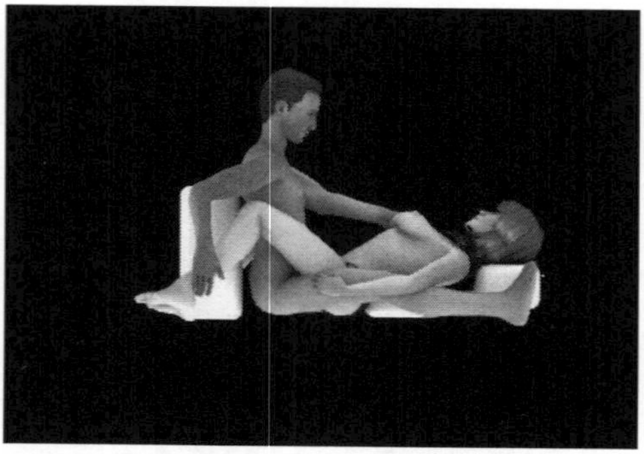

SLIDE 50

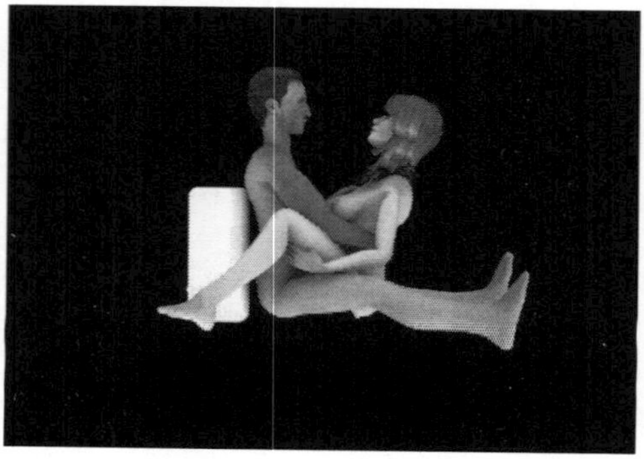

SLIDE 51

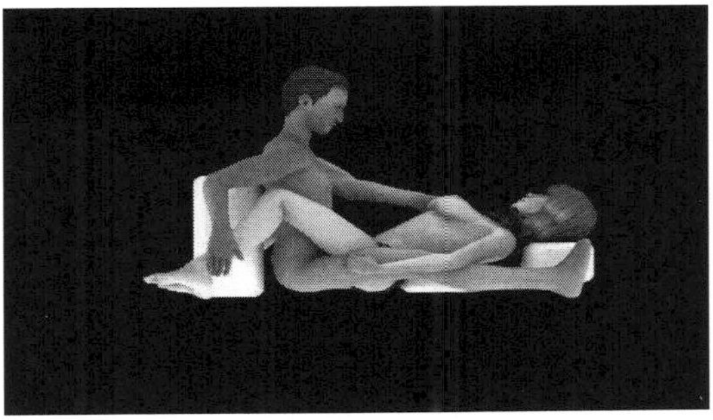

SLIDE 52

SLIDE 53

SLIDE 54

SLIDE 55

SLIDE 56

SLIDE 57

SLIDE 58

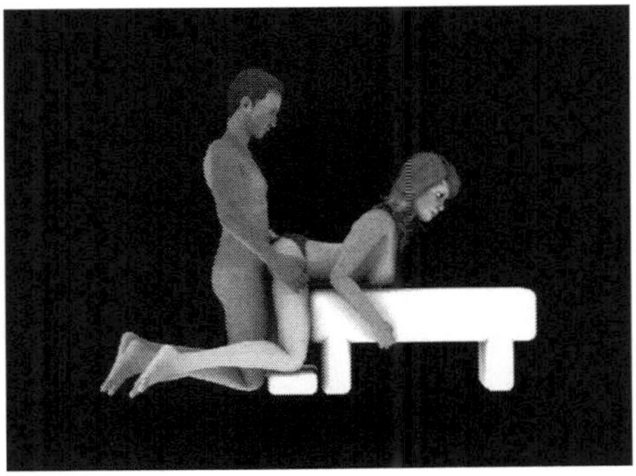

SLIDE 59

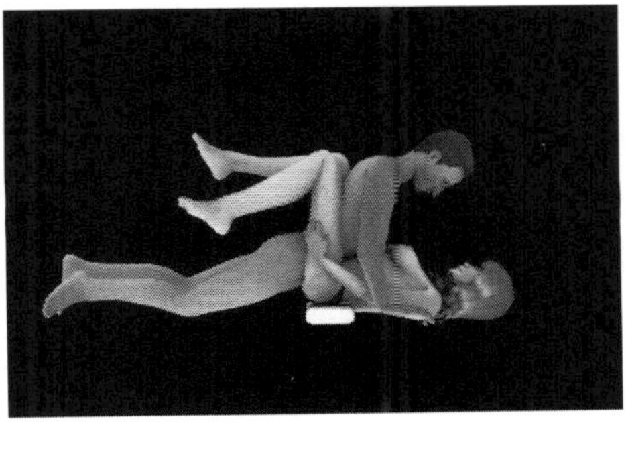

SLIDE 60

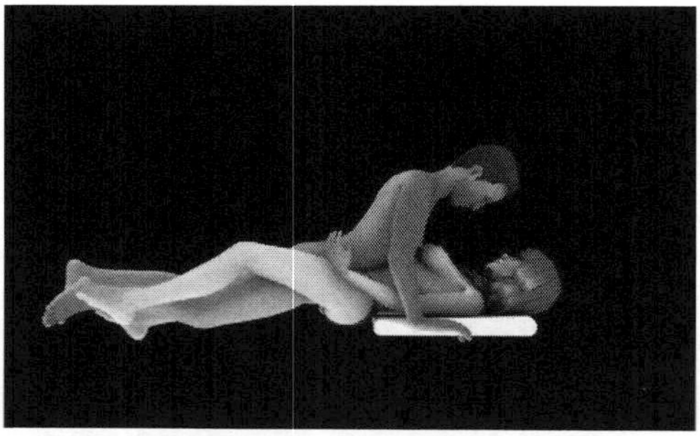

SLIDE 61

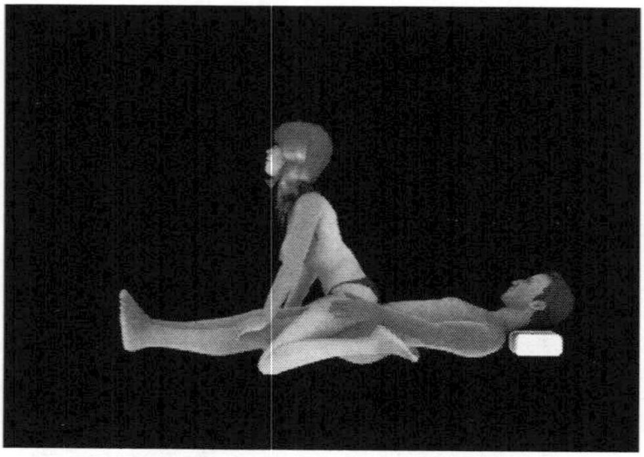

SLIDE 62

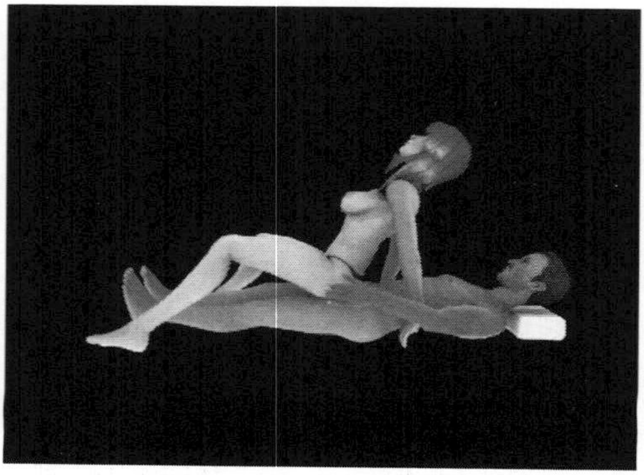

SLIDE 63

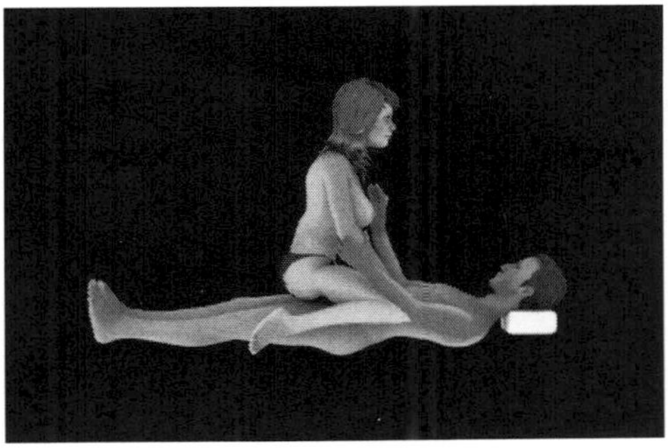

SLIDE 64

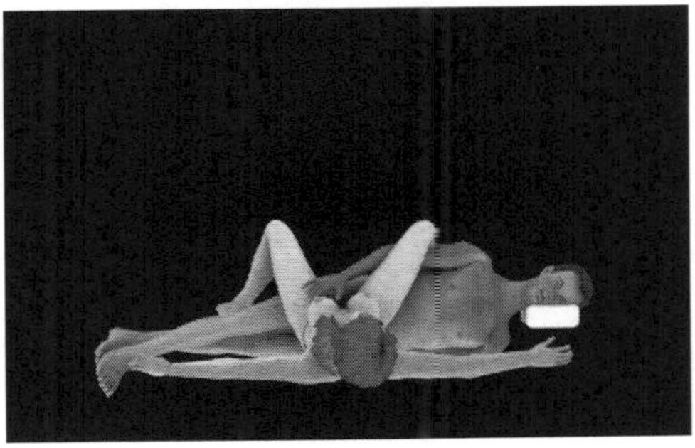

SLIDE 65

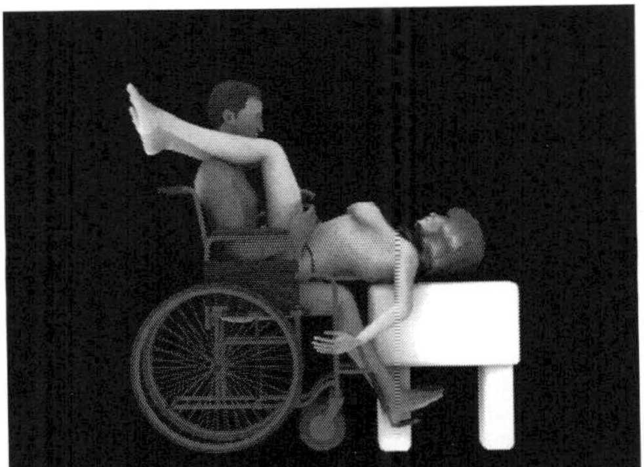

SLIDE 66

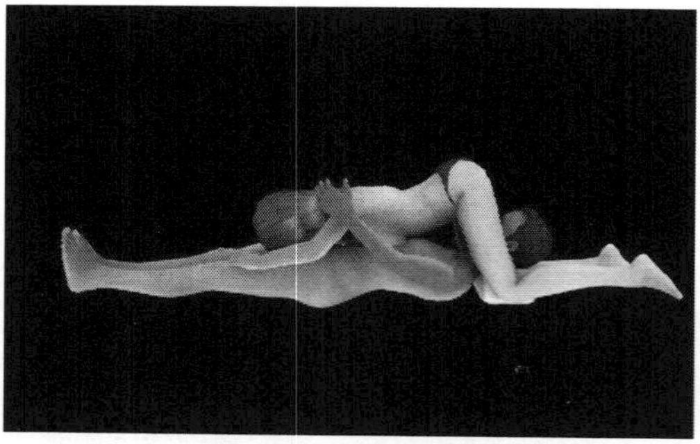

SLIDE 67

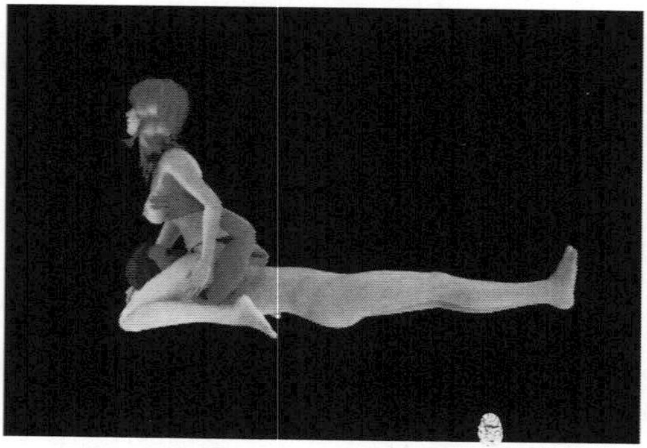

SLIDE 68

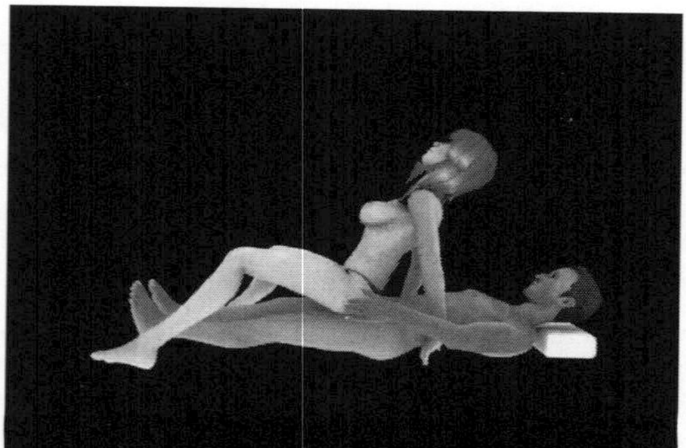

SLIDE 69

SLIDE 70

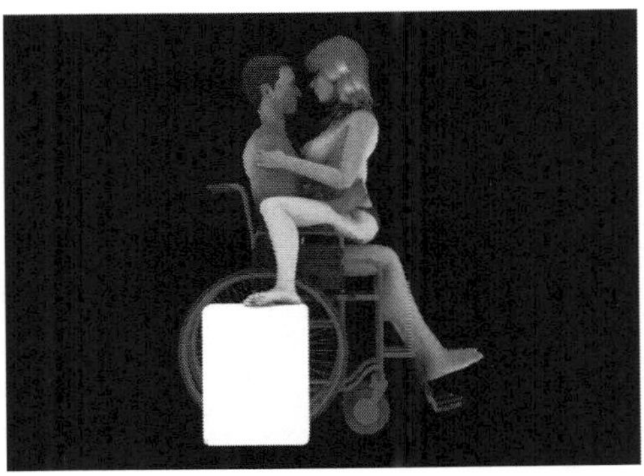

SLIDE 71

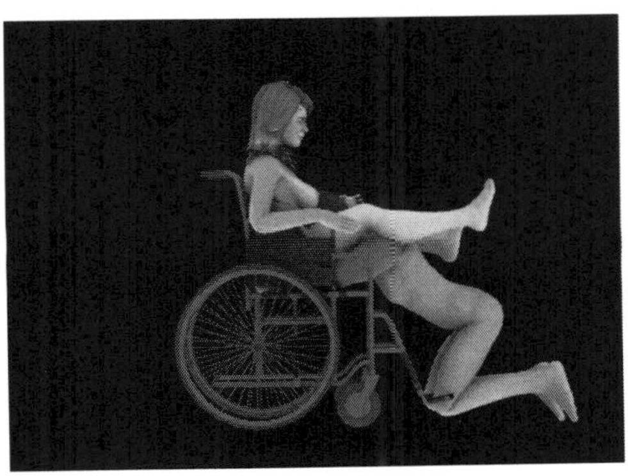

SLIDE 72

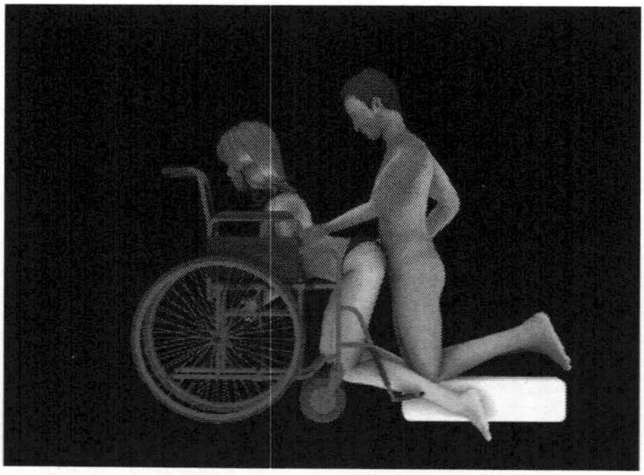

SLIDE 73

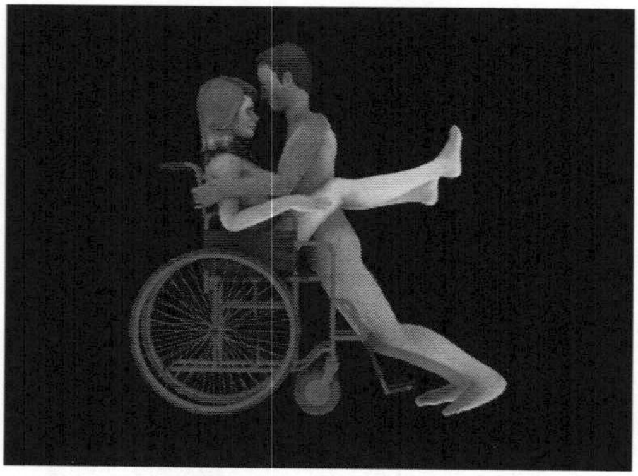

SLIDE 74

- Além de todas as posturas já vistas, também pode-se fazer uso de alguns móveis.

SLIDE 75

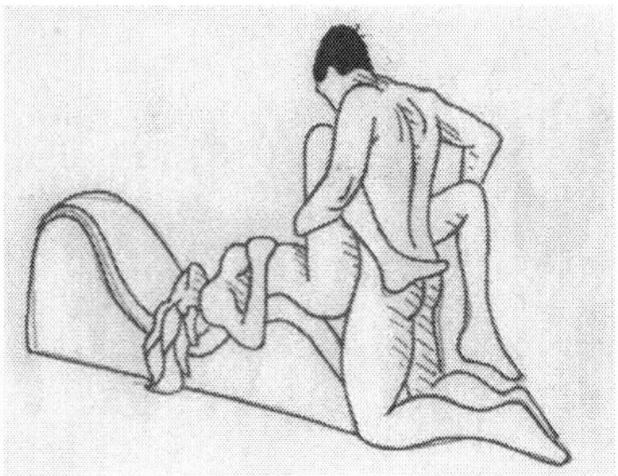

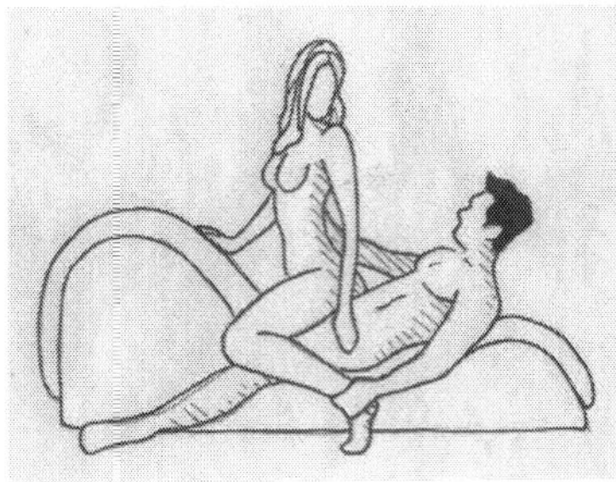

SLIDE 76

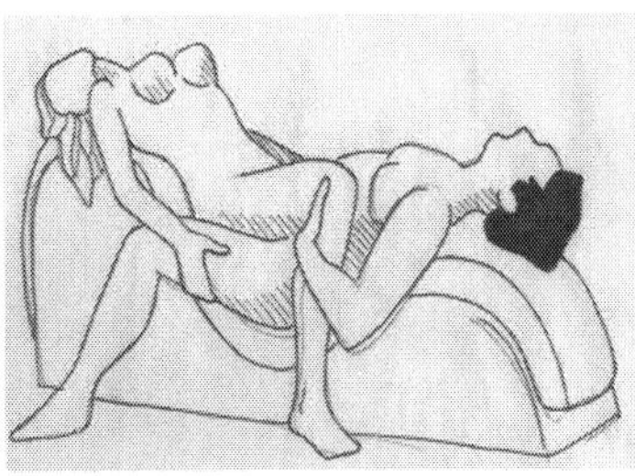

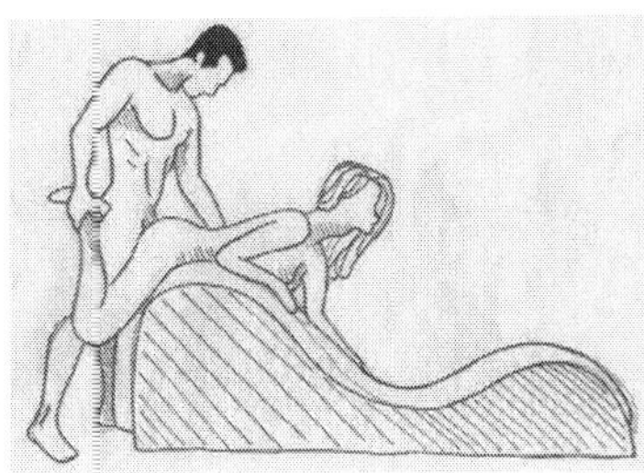

SLIDE 77

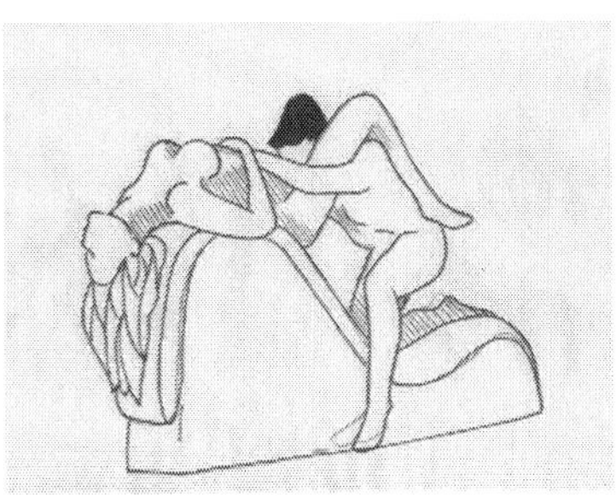

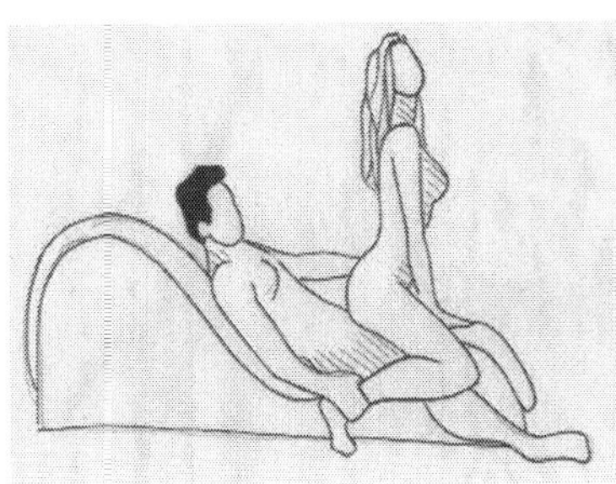

SLIDE 78

Cadeira com abertura para facilitar a penetração desde baixo.

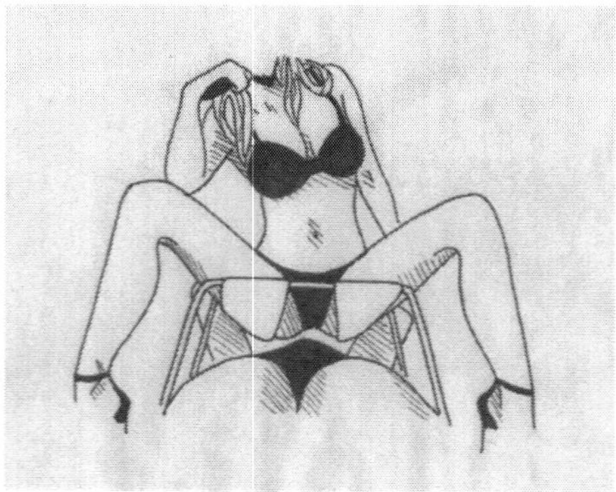

SESSÃO 7: TAREFA PARA CASA 7

Preencher a tabela

Problemas com os quais se sentiu identificado/a	Soluções que colocou em prática

SESSÃO 7: RELAÇÕES ERÓTICAS EM PESSOAS COM TCE

Nesta sessão aprendemos...

a conhecer as diferentes respostas sexuais de mulheres e homens.

Modelos lineares de resposta sexual

Nesses padrões de resposta sexual, o desejo vem primeiro, depois a excitação, o orgasmo e a resolução. Esse modelo pode acontecer tanto com homens quanto com mulheres, embora tenhamos visto que as mulheres têm mais possibilidades, inclusive o fato de terem mais orgasmos e de que sua fase de resolução varie.

Modelo circular de resposta sexual

Vimos também que pode haver outro tipo de resposta sexual que não precisa começar com o desejo, mas pode começar com a excitação e vimos as possibilidades que esse modelo tem quando se trata de experimentar a sexualidade.

Tipos de interações sexuais

Vimos também que a relação sexual não é a única prática sexual possível, nem precisa ser a mais importante. Também podemos apreciar dar ou receber sexo oral, dar ou receber masturbação, sexo anal, carícias, massagens, fantasias sexuais etc. Vimos alguns deles em detalhes nesta sessão e outros que já conhecíamos de sessões anteriores. Uma boa comunicação entre o casal é o mais importante em cada uma dessas interações sexuais.

Dificuldades e possíveis soluções

Por fim, comentamos as possíveis dificuldades que podem surgir durante os encontros sexuais e de que formas é possível resolvê-las. Não se pretende fazer o trabalho um/a psicólogo/a ou sexólogo/a, aos quais é preciso procurar quando houver algum caso grave.

- Sentir dor durante a relação sexual: existem lubrificantes, pode-se dilatar com os dedos ou dilatadores e, claro, levar o tempo necessário para que a pessoa fique bastante excitada e não sinta dor.
- Se o problema for de autoconfiança ou depressão: pode-se ir a um psicólogo. Embora os exercícios vistos ao longo das sessões anteriores também possam ajudar.
- Se existir um problema para conseguir ou manter a ereção: pode-se usar a fantasia, a autossensibilização e também a terapia psicológica, médica ou sexual.
- Se o problema for a ejaculação acontecer mais cedo do que o desejado: é possível com a autossensibilização ou também procurar terapia sexual.
- Diminuição da sensibilidade: para resolver esse problema, pode-se usar a fantasia e a autossensibilização, assim como procurar terapia especializada.

Alguns conselhos

Finalmente, vimos alguns conselhos sobre masturbação feminina e masculina e algumas posições sexuais adaptadas a diferentes problemas. Por exemplo, para realizar relações sexuais quando uma das pessoas não consegue mover as pernas, podem ser utilizadas posturas sentadas e almofadas adaptadas.

SESSÃO 8

8

SLIDE 3

Objetivo da sessão

- Conhecer os comportamentos de risco.
- Consequências dos comportamentos de risco.
- Como prevenir os comportamentos de risco.

SLIDE 4

Tipo de relação	Nível de risco	Doenças contagiosas	Como se proteger?
Beijos	Muito Baixo	Resfriados, Gripes, Covid-19, Hepatites, Herpes Labial.	Não beijar pessoas que tenha sintomas de resfriado ou herpes.
Sexo Oral	Mode-rado	Herpes, HIV, Hepatites, Gonorréia, Sífilis, Condilomas, HPV.	Usar preservativo masculino ou feminino, ou barreiras de látex.
Coito Vaginal	Alto	Herpes, HIV, Hepatites, Gonorréia, Sífilis, Condilomas, HPV, "Gravidez não desejada".	Usar preservativo masculino ou feminino, ou barreiras de látex.
Sexo Anal	Muito Alto	Herpes, HIV, Hepatites, Gonorréia, Sífilis, Condilomas, HPV.	Usar preservativo masculino ou feminino, ou barreiras de látex.

Slide 5

Infecções Sexualmente Transmissíveis (ISTs)

- A sigla IST é usada para se referir às Infecções Sexualmente Transmissíveis, que, como o nome sugere, são transmitidas, entre outras formas, por meio da relação sexual (anal, vaginal ou oral) e podem ser causadas por bactérias, vírus, fungos, parasitas e protozoários. Você também os verá escritos com a expressão "Doenças Sexualmente Transmissíveis ou DSTs", que é um termo que era mais usado no passado.

Slide 6

Sintomas

<table>
<tr><th>Mulheres</th><th>Homens</th></tr>
<tr><td>· Fluxo anormal na vagina, com ou sem odor desagradável.</td><td>· Secreção pela uretra.</td></tr>
<tr><td colspan="2">· Feridas (úlceras), manchas roxas ou bolhas perto dos órgãos sexuais, ânus e boca.
· Inflamação dos gânglios perto da ferida.</td></tr>
<tr><td colspan="2">· Coceira ao redor dos órgãos sexuais.
· Ardência ao urinar ou defecar.</td></tr>
<tr><td>· Sangramento espontâneo pela vagina:
– não é menstruação;
– pode acontecer depois das relações sexuais.
· Menstruação:
– ausente;
– sangramento excessivo.</td><td>· Dor nos testículos;
· Inflamação ou dor ao redor dos órgãos sexuais.</td></tr>
<tr><td>· Dor durante as relações sexuais.</td><td></td></tr>
</table>

Slide 7

Infecções de transmissão sexual produzidas por bactérias

Slide 8

Gonorreia

O que é observado?	O que acontece se não for tratada?
Sintomas depois de 2-7 dias do contato sexual (genital, oral, anal): -infecção genital ou anal: • secreção amarela e espessa + incômodo ao urinar ou coceira no ânus; • infecção na garganta: dor na garganta (nem sempre considerada)	Complicações: • esterilidade; • alteração dos órgãos; • transmissão para o feto.
Nem sempre apresenta sintomas.	A infecção pode ser transmitida através do contato sexual.

Slide 9

Clamídia

O que é observado?	O que acontece se não for tratada?
Sintomas depois de 7-21 dias do contato sexual: • **Homens**: secreção clara e transparente, incômodo ao urinar. • **Mulheres**: aumento do fluxo, alteração na menstruação, sangramento depois das relações sexuais.	Complicações: • esterilidade; • inflamação da bexiga; • doença inflamatória pélvica; • gravidez ectópica.
Com frequência **não** produz sintomas.	A infecção pode ser transmitida para o parceiro sexual.

Slide 10

Sífilis

<table>
<tr><th>O que é observado?</th><th>O que acontece se não for tratada?</th></tr>
<tr><td>Infecção crônica: transmitida por contato sexual e pelo sangue.</td><td>A infecção pode ser transmitida para o parceiro sexual.</td></tr>
<tr><td rowspan="2">Alterna
Períodos sintomáticos:
· depois de 20-40 dias;
· úlceras na zona lesionada.
· inflamação de gânglio.
Períodos assintomáticos:
· dura de 6-8 semanas;
· sífilis secundária: erupção na pele.</td><td>· Sífilis latente: período de latência.
· Sífilis terciária: alterações cardiovasculares e neurológicas.</td></tr>
<tr><td>Transmissão para o feto durante a gravidez:
· morte fetal;
· sífilis congênita.</td></tr>
</table>

Slide 11

ISTs causadas por vírus

Slide 12

Herpes genital

O que é observado?	O que acontece se não for tratada?
Sintomas depois de 2-20 dias do contato sexual: · Bolhas e úlceras dolorosas na vagina, ânus e boca.	A infecção pode ser transmitida para o parceiro sexual.
Quando a lesão desaparece, o vírus permanece e pode provocar sintomas novamente.	Transmissão da infecção para o feto.

Slide 13

Papilomavírus Humano

O que é observado?	O que acontece se não for tratada?
Sintomas entre 1 e 20 meses depois do contato sexual: · Verrugas.	São considerados os precursores do câncer de colo de útero ou dos genitais externos.
Na maioria dos casos **não** produz sintomas.	Transmissão durante o parto se as verrugas estiverem ativas.

Slide 14

Hepatite C

<table>
<tr><th>O que é observado?</th><th>O que acontece se não for tratada?</th></tr>
<tr><td>Transmissão pelo contato com o sangue.</td><td>A infecção pode ser transmitida para o parceiro sexual.</td></tr>
<tr><td>Período de incubação de 2 semanas a 6 meses.</td><td rowspan="2">Atualmente, não existe vacina.</td></tr>
<tr><td>Fadiga, hemorragias, sonolência, comichão na pele, confusão, urina escura etc.
A infecção pode se tornar crônica.</td></tr>
</table>

Slide 15

Vírus da imunodeficiência humana

O que é observado?	O que acontece se não for tratada?
Transmissão de pais para filhos, pelo contato sexual, compartilhamento de materiais penetrantes na pele (p. ex.: agulhas)	A infecção pode ser transmitida para o parceiro sexual.
Leva 3 meses para ser detectado em análises patológicas.	Aumenta o risco do aparecimento da aids. Pode ser transmitida no nascimento.
A infecção aguda pode **não** apresentar sintomas ou parecer uma gripe.	Sem tratamento causa a deterioração do sistema imunológico.

Slide 16

ISTs causadas por fungos

Slide 17

Candidíase vulvovaginal (CVV)

O que é observado?	O que acontece se não for tratada?
Causada por fungos.	**Homens** ocorre por transmissão sexual. **Mulheres** · não costuma ocorrer por transmissão sexual, porque forma parte da flora vaginal normal; · em determinadas situações os sintomas aparecem: gravidez, uso de antibióticos, alimentação rica em açúcares refinados etc.
Período de incubação de 2-5 dias. **Sintomas** · coceira; · secreção vaginal branca e espessa; · dor vaginal; · ardor nos genitais; · dor ao urinar.	

Slide 18

ISTs causadas por parasitas

Slide 19

Chato (pediculose pubiana)

<table>
<tr><th>O que é observado?</th><th>O que acontece se não for tratada?</th></tr>
<tr><td>Transmissão por contato íntimo ou por contato com roupa infectada.</td><td rowspan="3">Não vive mais de 24 horas fora do hospedeiro.</td></tr>
<tr><td>Sintomas:
· Coceira nos genitais e ânus;
· Ovos nos pelo pubianos;
· Insetos minúsculos (chatos) nos pelos.</td></tr>
<tr><td>Afeta qualquer zona com pelo.</td></tr>
</table>

Slide 20

Sarna

<table>
<tr><th>O que é observado?</th><th>O que acontece se não for tratada?</th></tr>
<tr><td>Transmissão por contato íntimo ou por contato com roupa infectada.</td><td rowspan="2">Em pessoas com sistemas imunológicos fracos, pode ser mais grave.</td></tr>
<tr><td>Sintomas:
· Coceira;
· Erupções de cor acinzentada, sobretudo nas mãos, pulsos, dobras dos joelhos, axilas, nádegas etc.</td></tr>
</table>

SESSÃO 8: FOLHA DE TRABALHO 1

Qualidades

1. ____

2. ____

3. ____

Nome: ____

Número:____

Nome: ____

Número:____

Nome: ____

Número:____

ANEXO 1

Esquema de pessoas soropositivas

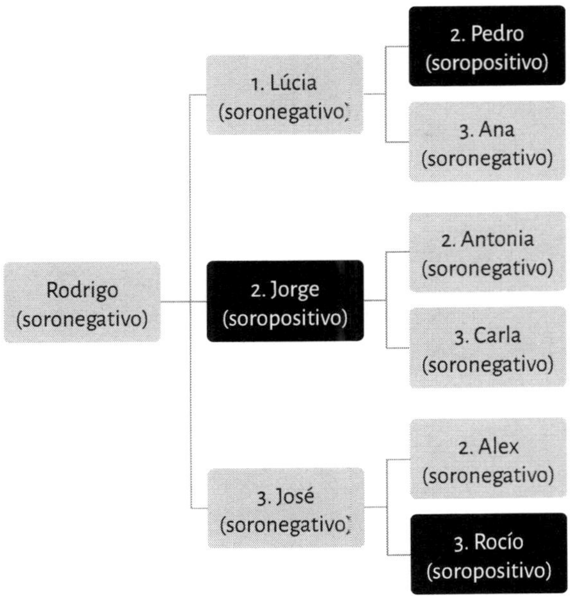

Rodrigo era soronegativo, ou seja, não tinha o vírus HIV. Ele manteve relações sexuais com Lúcia, Jorge e José SEM PROTEÇÃO. Lúcia também era soronegativa, então não houve transmissão do HIV, mas no segundo relacionamento dele houve infecção porque Jorge era soropositivo. Então, neste momento, Rodrigo e Jorge são soropositivos. Como mais tarde Jorge teve um relacionamento com José, este passou de soronegativo para soropositivo. A partir daí, isso também aconteceu com Antônia, Carla, Alex e Rocío.

Se continuarmos com as relações sexuais que Lúcia teve, até agora soronegativas, vemos que Pedro é soropositivo, com o qual tanto Lúcia quanto a pessoa com quem posteriormente teve relações sexuais também contraíram o HIV.

ANEXO 2

Esquemas de pessoas saudáveis

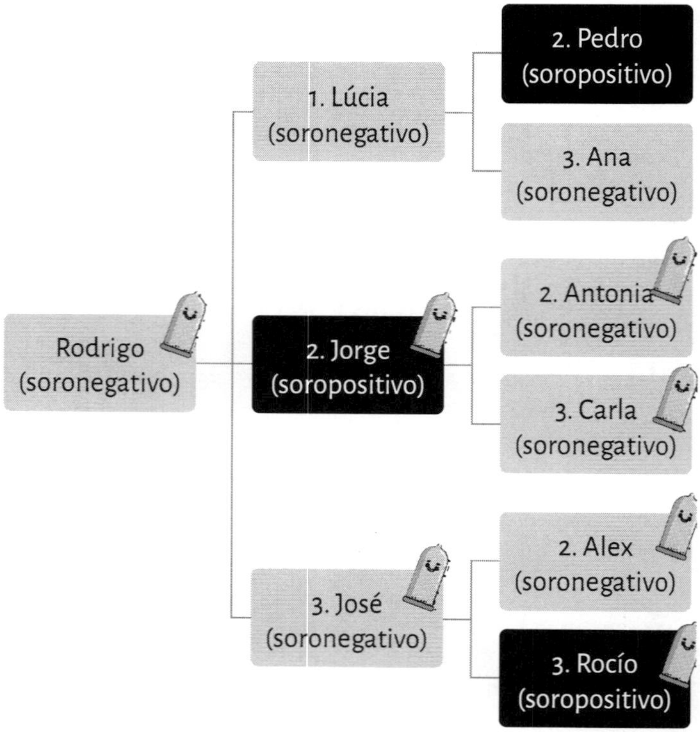

Seguindo o exemplo do Anexo 2. Temos 10 pessoas nesta cena, duas delas são soropositivas. Ao contrário da vez anterior, agora alguns deles vão usar preservativos. Começamos a fazer o mesmo trajeto de antes. Rodrigo mantém relações sexuais com Lúcia, neste caso, se houver proteção, não haverá transmissão de ISTs. Mas Lúcia então mantém relações com Pedro, que é soropositivo sem precaução, e Lúcia acaba ficando soropositiva e tendo um relacionamento com Ana também sem precaução. Em seguida, Rodrigo e Jorge, que é soropositivo, mantêm relações sexuais, mas não há transmissão do HIV, pois usam precaução. E assim continua com todos, Rodrigo faz sexo com José sem problemas e ele com Alex e Rocío também sem problemas. E se acompanharmos a vida sexual de Jorge, todos aqueles que têm relações sexuais com ele o fazem com camisinha, com a qual não têm problemas.

O esquema terminaria da seguinte forma...

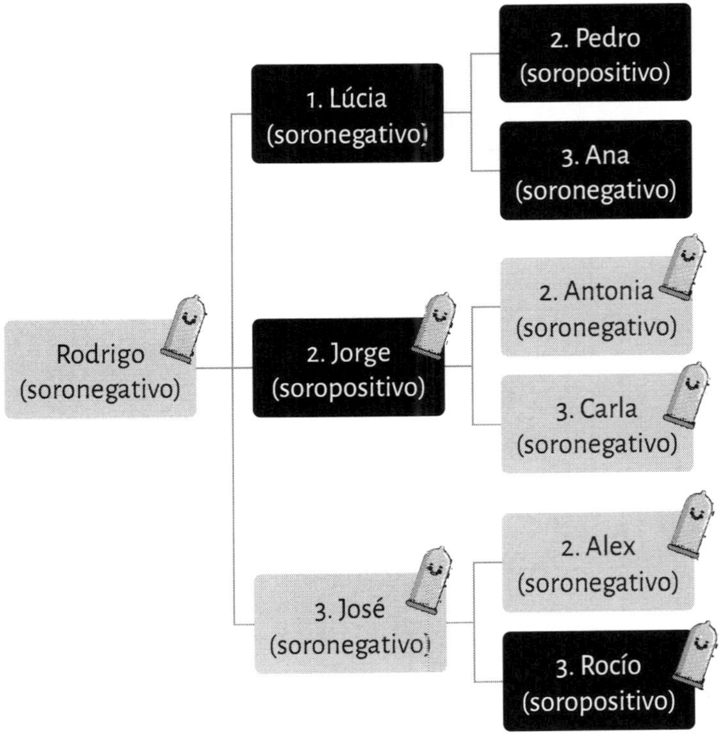

ANEXO 3

DEFINIÇÃO DE DOENÇAS

Definição de Infecções Sexualmente Transmissíveis

As Infecções Sexualmente Transmissíveis (ISTs) são um grupo de doenças infecciosas, causadas por diferentes tipos de microrganismos, sendo transmissão preferencialmente pela via sexual. Mas algumas dessas doenças, como hepatite B, HIV, gonorreia e sífilis, também são transmitidas pelo sangue ou pelo contato com objetos pontiagudos contaminados com fluidos corporais.

Outra via de transmissão é a transmissão vertical, ou seja, a transmissão da infecção da mãe infectada durante a gestação, parto, puerpério e através da amamentação.

A maioria dessas infecções se concentra nos órgãos genitais de ambos os sexos, mas, às vezes, podem afetar outros órgãos ou áreas, como o fígado, o intestino, as articulações, o sistema imunológico e o corpo em geral.

Este grupo de doenças não tem um desenvolvimento homogêneo em seus desdobramentos, suas consequências ou efeitos colaterais. Algumas podem levar à morte, enquanto outras não são prejudiciais. A chave é diagnosticá-las e tratá-las precocemente.

As Infecções Sexualmente Transmissíveis (ISTs) mais frequentes são:

- Gonorreia (blenorragia)
- Sífilis
- Herpes genital
- Clamídia

- Candidíase
- Condiloma
- Chato
- Hepatite B e C
- HIV/aids
- Herpes

Gonorreia (blenorragia)

É uma infecção causada pelo *Neisseria gonorrhoeae*, um microrganismo Gram-negativo que se encontra preferencialmente em áreas quentes e úmidas do corpo (o trato urinário e o colo do útero). É uma Infecção Sexualmente Transmissível, pois só se transmite através da relação sexual e não se transmite pelo uso de toalhas, banheiros públicos etc.

Os sintomas de alerta são: corrimento amarelado antes de urinar, dor ao urinar, aumento do corrimento vaginal, dor abdominal etc.

Tem um tratamento simples e eficaz baseado em antibióticos, mas se não for curada a tempo, a infecção pode se espalhar para outros órgãos e causar sérias consequências, como a esterilidade.

Sífilis

É causada por uma bactéria chamada *Treponema pallidum*. A principal via de transmissão é o contato sexual, mas o contágio também pode ocorrer da mãe para o feto durante a gravidez, através da placenta. Começou a ser tratada assim que a penicilina foi descoberta.

Evolui em três etapas. Na primeira, algumas semanas após a infecção, surge uma pequena úlcera avermelhada (cancro sifilítico) na área onde ocorre o contato (genitais, ânus, boca), é indolor e desaparece sem tratamento. Alguns meses depois, espalha-se pelo sangue por todo o corpo, dando origem a diferentes lesões: manchas na pele, lesões nos órgãos genitais, glândulas inchadas, febre, dor de garganta. Esses sintomas podem desaparecer, mesmo sem tratamento, mas a doença permanece latente. Se o tratamento não for aplicado, podem ocorrer úlceras na pele e nos órgãos internos; inflamação das articulações, lesões do coração, fígado e SNC.

A sífilis é tratada com antibióticos, mas se não for feita a tempo, pode haver o risco de que as lesões produzidas sejam irreversíveis.

Herpes genital

A transmissão ocorre sexualmente ou por contato através do sangue com soluções de continuidade (feridas). Os principais sinais e sintomas são lesões vesiculares, úlceras, ardor, dor localizada intensa nos genitais, ardor ao urinar, febre e desconforto gripal.

Clamídia

É transmitida pelo contato com a mucosa vaginal, uretra, reto, boca e olhos, afetando fundamentalmente a uretra nos homens e o colo do útero nas mulheres. Às vezes são confundida com a gonorreia.

Trichomonas vaginalis (Tricomoníase)

São parasitas da família dos protozoários e são vistos principalmente em mulheres. Os sinais e sintomas são claros e consistem em corrimento vaginal espumoso de aspecto amarelo-esverdeado e odor muito penetrante, coceira e irritação. O tratamento consiste no uso oral de um antibiótico e antiparasitário e geralmente são recomendadas uma ou duas doses.

Candidíase

A rota de contágio é diversa: relações sexuais, roupas, objetos etc. Algumas circunstâncias favorecem sua proliferação como o uso de antibióticos, estresse, diabetes ou diminuição das defesas naturais do organismo. Em geral, os sintomas femininos são: aumento do corrimento vaginal, que fica branco e espesso como leite azedo, coceira intensa e, ocasionalmente, um processo inflamatório do trato urinário e da bexiga. O homem tem vermelhidão na glande e prurido.

Condiloma acuminado

São lesões verrucosas semelhantes a cristas de galo, causadas por um vírus chamado Papilomavírus Humano (HPV), e localizadas na vagina, colo do útero ou genitália externa da mulher. Nos homens, as infecções podem ser assintomáticas ou causar verrugas. É transmitida por contato sexual e através da pele. Sua cura deve ser realizada pelo ginecologista com laser, medicamentos, eletrocoagulação. Atualmente, a infecção pelo Papilomavírus Humano, especialmente as cepas 14, 16, 18, está intimamente relacionada ao que é a gênese do câncer do colo do útero.

Chato (pediculose pubiana)

São insetos parasitas amarelados, com cerca de dois milímetros de comprimento, que vivem nas partes cabeludas do corpo, onde se prendem por meio das pinças no final de suas pernas. Eles sugam sangue e colocam seus ovos nas raízes do pelo. Eles provocam mordidas que causam coceira irritante. Eles podem ser contraídos através do contato sexual direto com uma pessoa que tenha a infecção ou compartilhando as mesmas toalhas ou lençóis. Eles são facilmente eliminados pela aplicação de um inseticida na área afetada.

Hepatite C

É uma infecção viral que causa inflamação do fígado, às vezes levando a danos hepáticos graves. Atualmente, o vírus da hepatite C geralmente é tratado com medicamentos orais, que são tomados todos os dias, e pode durar de dois a seis meses. O vírus se propaga através do sangue.

HIV/Aids

A Aids afeta o sistema imunológico humano, produzindo imunossupressão e fazendo com que o organismo fique exposto a agressões externas de uma série de doenças oportunistas (vírus, fungos, bactérias). O vírus que causa a aids é o vírus da imunodeficiência humana HIV. As formas de transmissão são bem determinadas: é transmitida de uma pessoa infectada para uma pessoa saudável através do sangue, sêmen ou secreções vaginais. A transmissão vertical também é comum.

RESUMO DA SESSÃO 8: RELAÇÕES ERÓTICAS PARA PESSOAS COM TCE

Nesta sessão aprendemos...

Que, embora a sexualidade seja prazer e possamos desfrutá-la, também precisamos ter cuidado. Existem diferentes tipos de infecções sexualmente transmissíveis (algumas visíveis a olho nu, mas a maioria não) e gravidezes indesejadas que devemos evitar. Aprendemos também o que são os direitos sexuais, que nos permitem desfrutar de uma boa sexualidade.

Comportamentos de risco

Chamamos comportamentos de risco as atitudes, comportamentos e atividades que podem nos levar a ser vítimas em diversas situações como:

- Ser enganado para fazer sexo devido a problemas de memória e/ou atenção.
- Sofrer abuso sexual, pois, talvez por problemas de mobilidade ou outros déficits, haveria mais possibilidades de isso acontecer.
- Transmissão de infecções sexualmente transmissíveis (ISTs).
- Gravidez indesejada.
- Por causa da impulsividade, insistir demais para ter relações sexuais com uma pessoa.
- Ser vítima de sextorsão (a sextorsão engloba o envio de conteúdos eróticos ou pornográficos através de meios eletrônicos, como celulares. Esse material pode ser usado contra a pessoa, por exemplo, nas redes sociais e se tornar um assédio.

- Alguns dos comportamentos quando se faz contato com alguém e que evitam que alguém seja vítima desse crime são:
- Não dar dados pessoais.
- Não enviar fotos ou vídeos íntimos (nudes) que tenham informações que revelem sua identidade, pois eles podem ser usados contra você.
- Marcar encontros em locais públicos para evitar situações violentas.
- Se o encontro foi marcado pela internet, fazer perguntas que confirmem tudo o que as pessoas disseram on-line.
- Pedir uma foto do rosto da pessoa para reconhecê-la.
- Etc.

Direitos sexuais

Todos nós temos o direito de desfrutar de nossa sexualidade, não de sermos discriminados por causa de nossa orientação sexual ou da maneira como a vivemos. Em função disso, devemos saber como defendê-la.

Durante a sessão, enfatizamos os momentos em que descobrimos que a pessoa com a qual estamos em um determinado dia insiste que tenhamos relações sexuais com ela e talvez, naquele momento, não tenhamos vontade. Pode ser que também não gostemos dessa pessoa. Ou pode acontecer o contrário, que a outra pessoa nos diga que não está com vontade. Todos temos o direito de dizer não, de dizer até onde queremos ir ou se queremos parar em algum momento. Essa situação nos mostra duas coisas. A primeira, é que devemos ser mais claros. Se dissermos "não quero ir ao quarto ou fazer tal coisa", com assertividade, certamente a pessoa com qual estamos não insistirá mais; no entanto, se por constrangimento dissermos "agora não, depois etc.", ele/a pode continuar a insistir. A segunda coisa é que temos que estar atentos a outra pessoa. As pessoas podem não nos dizer claramente que não estão com vontade, mas seus gestos ou frases podem nos dizer melhor o que querem. Se não tivermos certeza, devemos perguntar para a pessoa. Por exemplo, você gostaria que algo acontecesse entre nós hoje à noite? Você gostaria de subir para quarto comigo?

Comportamentos de risco de Infecções Sexualmente Transmissíveis

Tipo de relação	Nível de risco	Doenças contagiosas	Como se proteger?
Beijos	Muito Baixo	Resfriados, Gripes, Covid-19, Hepatites, Herpes Labial	Não beijar pessoas que tenha sintomas de resfriado ou herpes.
Sexo Oral	Moderado	Herpes, HIV, Hepatites, Gonorréia, Sífilis, Condilomas, HPV.	Usar preservativo masculino ou feminino, ou barreiras de látex.
Coito Vaginal	Alto	Herpes, HIV, Hepatites, Gonorréia, Sífilis, Condilomas, HPV, "Gravidez não desejada".	Usar preservativo masculino ou feminino, ou barreiras de látex.
Sexo Anal	Muito Alto	Herpes, HIV, Hepatites, Gonorréia, Sífilis, Condilomas, HPV.	Usar preservativo masculino ou feminino, ou barreiras de látex.

SESSÃO 9

9

SLIDE 1

Objetivo da sessão

- Resolver as dúvidas
- Preencher novamente os testes da primeira sessão
- Comentários sobre as sessões: quais assuntos mais e menos ajudaram e quais ficaram de fora.

QUESTIONÁRIO DE SATISFAÇÃO

Por favor, descreva quais foram os pontos fortes e fracos do programa e as oportunidades e ameaças que afetaram o programa.

Pontos fortes: ______________________________

____

____

____

____

____

Pontos fracos: ______________________________

____

____

____

____

____

Oportunidades: ______________________________

____

____

____

____

____

Ameaças: ______________________________

____

____

____

____

____

UNIVERSIDADE/CENTRO

____

CERTIFICA QUE

O senhor/A senhora

____

finalizou de forma satisfatória o programa
para melhorar a afetividade e as relações íntimas
de pessoas com traumatismo cranioencefálico.

____

Organização

____

Data

____

Assinatura

Laiene Olabarrieta Landa

Psicóloga e doutora em psicologia pela Universidade de Deusto. Desde 2011 está envolvida em pesquisa, ganhando inúmeras bolsas como a Bolsa de Colaboração do Governo Basco, a Bolsa de Pré-Doutorado do Governo Basco e a Bolsa de Pós-Doutorado de Formação Juan de la Cierva, entre outras. Atualmente, trabalha como docente e pesquisadora na Universidade Pública de Navarra, na área da Psicobiologia. Editou 3 livros e um número monográfico e publicou 26 capítulos de livros. Ela tem 48 artigos de pesquisa em revistas do JCR e vários trabalhos apresentados em conferências nacionais e internacionais de neuropsicologia, incluindo a *International Neuropsychology Society* e a *International Brain Injury Association.* Foi editora do *Ibero-American Journal of Neuropsychology.*

Elvira del Valle Morejón García

Licenciada em Psicologia pela Universidade de Málaga, Mestre em Sexologia e Terapia de Casal pela Associação Espanhola de Psicologia Clínica Cognitivo-Comportamental (AEPCCC.), Mestre em Neuropsicologia pela Universidade Camilo José Cela, Mestre em Terapia EMDR pela Universidade Nacional de Educação a Distância (UNED), e em psiconeuroimunologia pelo PNI Espanha. Trabalha desde 2013 em diferentes clínicas e associações como psicóloga da saúde, bem como diretora de um centro ocupacional para pessoas com deficiência. Participou de várias conferências sobre sexologia e neuropsicologia como orador, na Colômbia, Portugal e Espanha. Atualmente, trabalha como psicóloga da saúde e administra sua própria clínica. "Clínica Lucel", em Écija (Sevilha), onde desenvolve os seus projetos de saúde mental, através de workshops de grupo, terapia individual, de casal e familiar, on-line e presencial.

Laura C. Sánchez-Sánchez

Laura C. Sánchez-Sánchez é doutora em Psicologia Clínica e Saúde, com doutorado extraordinário. Especializou-se com formação em pós-gradução em Psicologia da Saúde, Neuropsicologia e Sexologia, somado ao Registered Europsy Specialist in Psychotherapy (em Terapias de Terceira Geração). Possui múltiplas publicações científicas, entre artigos, capítulos e livros, a maioria deles indexados no JCR e Scimago. Participou em mais de uma centena de conferências nacionais e internacionais e fez estadias em laboratórios de outras prestigiadas universidades nacionais e internacionais. É professora há mais de 10 anos em cursos de graduação e pós-graduação em diferentes universidades (UAL, UPSA, USAL, VIU, UCM, UOC). Atualmente trabalha como professora na Universidade de Granada, embora continue colaborando com outras universidades.

Juan Carlos Arango Lasprilla

É diretor de pesquisa na Espanha e América Latina da empresa Giunty Psychometrics e é professor adjunto do departamento de psicologia da Virginia Commonwealth University, nos Estados Unidos. Suas áreas de trabalho são danos cerebrais, reabilitação e neuropsicologia intercultural. Atualmente, ele tem mais de 400 publicações, incluindo artigos e capítulos de livros, e suas pesquisas foram publicadas em várias das melhores revistas de medicina e psicologia do mundo. Seus projetos de pesquisa foram financiados por diferentes organizações nacionais e internacionais. Ao longo do seu percurso profissional, recebeu cerca de 30 prêmios e/ou distinções nacional e internacional. Entre eles estão o Prêmio Alejandro Ángel Escobar (Colômbia), o Prêmio Colombiano de Psicologia (Colômbia), três prêmios da American Psychological Association (Estados Unidos), o Prêmio Early Career da Academia Nacional de Neuropsicologia (Estados Unidos), o Prêmio Ramón y Cajal Prêmio do Ministério da Educação da Espanha (Espanha), o Prêmio Arthur Benton Mid-Career da Sociedade Internacional de Neuropsicologia (Estados Unidos), o Prêmio Mitchell Rosenthal Mid-Career do Congresso Americano de Medicina de Reabilitação (Estados Unidos), e o Prêmio mundial de melhor jovem pesquisador na área de dano cerebral concedido pela International Brain Injury Association (Escócia). Em 2021, Dr. Arango foi incluído na prestigiosa lista da Universidade de Stanford na qual aparecem os 2% dos pesquisadores mais influentes do mundo.

O Dr. Arango foi o fundador do Congresso Ibero-Americano de Neuropsicologia, evento que até hoje conta com quatro versões e atraiu mais de 4.500 participantes de 38 países do mundo. Da mesma forma, foi fundador da Revista Ibero-Americana de Neuropsicologia e da Sociedade Colombiana de Neuropsicologia. Dr. Arango é membro do comitê editorial de 30 revistas e revisor de artigos de mais de 60 revistas internacionais de prestígio. Foi editor convidado de seis das mais importantes revistas de lesão cerebral e reabilitação do mundo (Journal of Head Trauma and Rehabilitation, Brain Injury, Neurorehabilitation, Journal of Rehabilitation Medicine, Journal of Vocational Rehabilitation and Behavioral Neurology). É autor de dez livros, professor visitante em 110 universidades diferentes nos cinco continentes e palestrante em várias conferências nacionais, internacionais e mundiais em seu campo. Dr. Arango deu mais de 700 conferências ao redor do mundo e formou estudantes e profissionais em cinco continentes, muitos dos quais são atualmente professores em universidades nos Estados Unidos, América Latina e Europa.

Entre seus interesses clínicos estão o trabalho com adultos e idosos com lesões cerebrais adquiridas, distúrbios metabólicos, doenças neurodegenerativas e alguns diagnósticos de neurodesenvolvimento. Ela é membro de várias associações profissionais nacionais e internacionais, e também contribuiu para a área apresentando sua pesquisa em conferências nacionais para algumas das organizações acima mencionadas, bem como através da publicação de vários capítulos de livros e manuscritos revisados por pares.

Dra. Fabricia Quintão Loschiavo Alvares (organizadora da coleção)

Doutora em Neurociências pela Universidade Federal de Minas Gerais (UFMG) e pela Universidade de Cambridge – Reino Unido. Especialista em Reabilitação Neuropsicológica pelo Oliver Zangwill Centre, no Reino Unido, e em Neuropsicologia pela Univesidade Fumec. Terapeuta Ocupacional pela UFMG, trabalhou em diversas instituições e hospitais no Reino Unido, dentre eles o Instituto Oliver Zangwill e o Raphael Medical Centre, na Inglaterra, onde foi consultora de pesquisa e clínica em Reabilitação Neuropsicológica. Ministra cursos nacionais e internacionais sobre sua vasta atuação clínica. Autora de diversos livros e capítulos de livros nacionais e internacionais e de vários artigos publicados em periódicos internacionais, é professora e pesquisadora na área. Sempre trabalhou com reabilitação neuropsicológica em crianças, adultos e idosos com lesões adquiridas, transtornos do neurodesenvolvimento e psiquiátricos. Sócia-fundadora e diretora clínica da Nexus – Instituto de Pesquisa, Ensino e Clínica em Reabilitação Neuropsicológica, em Belo Horizonte / Minas Gerais, instituição premiada na categoria Excelência em Laboratório de Pesquisa Inovação Científica – Prêmio Dr. Fernando Capovilla, no Brain Connection em 2020, pelas pesquisas conduzidas na área da Reabilitação Neuropsicológica. Presidente do Grupo de Interesse Específico em Reabilitação Neuropsicológica (SIGBRA) ligado à World Federation of Neurorehabilitation. Recebeu o prêmio Special Tribute 2020, conferido pelo Projeto Erasmus – União Européia, CAP SUR

L'ECOLE INCLUSIVE EN EUROPE, pela carreira e trajetória de destaques na área da Reabilitação Neuropsicológica. Junto com a Dra. Barbara A. Wilson, é autora e organizadora do maior lançamento de Reabilitação Neuropsicológica no Brasil, o livro "Reabilitação Neuropsicológica nos Transtornos Psiquiátricos – Da Teoria à Prática". A Dra. Fabricia Loschiavo também é a autora e organizadora da Coletânea "Como eu Faço a Reabilitação Neuropsicológica", composta por exclusivos Manuais e Cursos que objetivam responder à grande pergunta: "Como eu faço a Reabilitação Neuropsicológica?".

Construindo ideias
e conectando mentes

Este livro foi composto com tipografia Bembo Std
e impresso em papel Offset 90g/m^2
na Gráfica Formato em setembro de 2023.